Sönke M. Willers

Standardfälle Sachenrecht

11. Auflage 2022

ISBN 978-3-86724-004-8

11. Auflage 2022

© 2022 niederle media

Bezug möglich direkt vom Verlag
niederle media
48341 Altenberge
Fax (02505) 93 98 99
E-Mail: info@niederle-media.de
www.niederle-media.de

Lektorat: Dr. Benjamin Steinhilber, Jur. Fakultät Tübingen

▶ Inhalt

▶ Standardfälle Sachenrecht

▶ **Fall 1:** *Figurprobleme*   7
- § 985 BGB; Erwerb gemäß § 929 BGB

▶ **Fall 2:** *Sammelsurium*   12
- Gutgl. Erwerb, § 932; Abhandenkommen, § 935 BGB

▶ **Fall 3:** *Kulturschock*   17
- Eigentumserwerb gemäß §§ 929, 931 BGB

▶ **Fall 4:** *Dampfbad oder Auto? Teil I*   20
- Eigentumserwerb gemäß §§ 929, 930 BGB

▶ **Fall 5:** *Dampfbad oder Auto? Teil II*   23
- Gutgläubiger Erwerb; Bösgläubigkeit, § 932 BGB

▶ **Fall 6:** *Dampfbad oder Auto? Teil III*   26
- EBV, Nutzungen, Verwendungen

▶ **Fall 7:** *Dampfbad oder Auto? Teil IV*   31
- EBV, Schadensersatz, §§ 989, 990 BGB

▶ **Fall 8:** *Hoch gestapelt*   34
- Gutgl. Erwerb gemäß §§ 930, 933; 931, 934 BGB

▶ **Fall 9:** *Ja wie denn nun?*   41
- Entstehung und Übertragung des Anwartschaftsrechts

▶ **Fall 10:** *Ja wie denn nun - Abwandlung*   45
- Zweiterwerb eines Anwartschaftsrechts

▶ **Fall 11:** *Verflixt und zugenäht Teil I*   48
- Eigentumserwerb gemäß §§ 946 ff. BGB
- Verarbeitungsklausel bei § 950 BGB

▶ **Fall 12:** *Verflixt und zugenäht Teil II*   53
- Sicherungsübereignung, Übersicherung
- Freigabeklauseln

▶ **Fall 13:** *Ganz großes Kino*   58
- §§ 985, 986 BGB; Pfandrecht, § 1204 ff. BGB

▶ **Fall 14:** *Geleast - vermiest*   61
- §§ 985, 986 BGB; Anwartschaftsrecht

▶ **Fall 15:** *Exzessiver Fahrstil*   64
- EBV; Fremdbesitzerexzess

▶ **Fall 16:** *Ehrlich währt am längsten....*   69
- Possessorischer/petitor. Anspruch, §§ 861, 1007 BGB

▶ **Fall 17:** *Kinder, Kinder....*   73
- Grundstückserwerb gemäß § 892 BGB

▶ **Fall 18:** *Die Sache mit dem Jahreszins Teil I*   77
- Entstehung einer Hypothek

▶ **Fall 19:** *Die Sache mit dem Jahreszins Teil II*   81
- Entstehung einer Grundschuld

▶ **Fall 20:** *Freundschaftsdienst*   84
- Übertragung einer Hypothek

▶ **Fall 21:** *Freundschaftsdienst - Abwandlung*   87
- Übertragung einer Grundschuld

▶ **Fall 22:** *Verwirrt*   92
- Auseinanderfallen von Forderung und Hypothek

▶ **Fall 23:** *Geisteskrank oder was? Teil I*   97
- Gutgläubiger Erwerb einer Hypothek; § 892 BGB

▶ **Fall 24:** *Geisteskrank oder was? Teil II*   101
- Gutgläubiger Erwerb einer Hypothek; Doppelmangel

▶ **Fall 25:** *Geisteskrank oder was? Teil III*   105
- Mängel der Hypothek

▶ **Fall 26:** *Verbandsfreiheit*   107
- Haftungsverband der Hypothek, §§ 1120 ff. BGB

▶ **Fall 27:** *Aufgemerkt, wenn vorgemerkt!*   110
- Entstehung einer Vormerkung, § 883 BGB

▶ **Fall 28:** *Überforderung*   112
- Gutgläubiger Erwerb einer Vormerkung

▶ **Fall 29:** *Besser spät als nie*   117
- Grundbuchberichtigungsanspruch, § 894 BGB

▶ Vorwort

Die vorliegenden Fälle, die auch als Hörbuch lieferbar sind, sind gedacht als Einführung in das Recht der beweglichen und unbeweglichen Sachen. Dazu gehören z.b. der Erwerb des Eigentums an einer beweglichen Sache durch guten Glauben (§ 932 BGB) sowie die Entstehung und Übertragung der Hypothek, Grundschuld und Vormerkung.

Der Name **niederle media** steht für Skripten, die zu einem großen Teil von Autoren mit mehrjähriger Lehr-Erfahrung als Hochschullehrer oder AG-Leiter verfasst wurden und die

- klausurrelevante Themen *kompakt* darstellen,

- meist in 1-2 Tagen und demnach *zeitsparend* durchgearbeitet werden können,

- so *verständlich* sind, dass auch Anfänger damit regelmäßig auf Anhieb klarkommen,

- *Fallbeispiele, Übersichten* und *Schemata* enthalten,

- sehr *erschwinglich* sind (ab 7,90 Euro).

Aufgrund dieser Eigenschaften sind unsere Skripten hervorragend geeignet für den ersten, unkomplizierten Einstieg in die Materie oder für eine schnelle Wiederholung kurz vor der Prüfung. Dafür drücke ich schon jetzt ganz fest die Daumen,

Jan Niederle

▶ Unsere 📖 Skripten 📚 Karteikarten 🎧 Hörbücher

Zivilrecht

- 📖 Standardfälle Zivilrecht f. Anfänger (BGB AT+Kaufrecht)
- 📖 🎧 Standardfälle BGB AT
- 📖 🎧 Standardfälle Schuldrecht
- 📖 🎧 Standardfälle Ges. Schuldverhältn., §§ 677,812,823
- 📖 🎧 Standardfälle Sachenrecht (Mobiliar+Immobiliar)
- 📖 🎧 Standardfälle Familien- und Erbrecht
- 📖 🎧 Basiswissen BGB AT (Frage-Antwort)
- 📖 🎧 Basiswissen Schuldrecht AT (Frage-Antwort)
- 📖 🎧 Basiswissen Schuldrecht BT (Frage-Antwort)
- 📖 🎧 Basiswissen Sachenrecht (Frage-Antwort)
- 🎧 Basiswissen Familienrecht (Frage-Antwort)
- 🎧 Basiswissen Erbrecht (Frage-Antwort)
- 📖 Einführung in das Bürgerliche Recht (für Anfänger)
- 📖 Studienbuch BGB AT
- 📖 Studienbuch Schuldrecht AT
- 📖 Einführung Schuldrecht BT 1 - §§ 437, 536, 634, 670 ff.
- 📖 Einführung Schuldrecht BT 2 - §§ 812, 823, 765 ff.
- 📖 Einführung Sachenrecht 1 – Mobiliarsachenrecht
- 📖 Einführung Sachenrecht 2 – Immobiliarsachenrecht
- 📖 Einführung Familienrecht
- 📖 Einführung Erbrecht
- 📖 🎧 Definitionen für die Zivilrechtsklausur

Strafrecht

- 📖 Standardfälle Band 1: für Anfänger
- 📖 Standardfälle Band 2: für Fortgeschrittene
- 📖 🎧 Standardfälle Strafrecht AT (für Anfänger)
- 📖 🎧 Basiswissen Strafrecht AT (Frage-Antwort)
- 📖 🎧 Basiswissen Strafrecht BT 1 (Frage-Antwort)
- 📖 🎧 Basiswissen Strafrecht BT 2 (Frage-Antwort)
- 📖 Einführung Strafrecht AT
- 📖 Einführung Strafrecht BT 1 – Vermögensdelikte
- 📖 Einführung Strafrecht BT 2 – Nichtvermögensdelikte
- 📖 🎧 Definitionen für die Strafrechtsklausur

Öffentliches Recht

- 📖 Standardfälle Staatsrecht 1 – Staatsorganisationsrecht
- 📖 Standardfälle Staatsrecht 2 – Grundrechte
- 📖 🎧 Standardfälle f. Anfänger (StaatsorgaR u. GrundR)
- 📖 Standardfälle Verwaltungsrecht AT
- 📖 Standardfälle Polizei- und Ordnungsrecht
- 📖 Standardfälle Baurecht
- 📖 Standardfälle Europarecht
- 📖 Standardfälle Kommunalrecht
- 📖 🎧 Basiswissen StaatsR 1 – StaatsorgaR (Frage-Antwort)
- 📖 🎧 Basiswissen StaatsR 2 – Grundrechte (Frage-Antwort)
- 📖 Basiswissen Verwaltungsrecht AT (Frage-Antwort)
- 📖 Studienbuch Staatsorganisationsrecht
- 📖 Studienbuch Grundrechte
- 📖 Studienbuch Verwaltungsrecht AT
- 📖 Studienbuch Europarecht
- 🎧 Hörbuch Basiswissen Europarecht
- 📖 Studienbuch Staatshaftungsrecht
- 📖 Verwaltungsrecht AT 1 - VwVfG
- 📖 Verwaltungsrecht AT 2 - VwGO
- 📖 Verwaltungsrecht BT 1 – Polizei und Ordnungsrecht
- 📖 Verwaltungsrecht BT 2 – Baurecht
- 📖 Verwaltungsrecht BT 3 – Umweltrecht
- 📖 🎧 Definitionen Öffentliches Recht

Sozialrecht

- 📖 Einführung Sozialrecht

Nebengebiete

- 📖 Standardfälle ZPO
- 📖 🎧 Standardfälle Handels- & Gesellschaftsrecht
- 📖 🎧 Standardfälle Arbeitsrecht
- 📖 🎧 Basiswissen Handelsrecht (Frage-Antwort)
- 📖 🎧 Basiswissen Gesellschaftsrecht (Frage-Antwort)
- 📖 🎧 Basiswissen StPO (Frage-Antwort)
- 📖 🎧 Basiswissen ZPO (Frage-Antwort)
- 📖 Einführung Handelsrecht
- 📖 Einführung Gesellschaftsrecht
- 📖 Einführung Arbeitsrecht
- 📖 Einführung Kollektives Arbeitsrecht
- 📖 Einführung ZPO I - Erkenntnisverfahren
- 📖 Einführung ZPO II - Zwangsvollstreckung
- 📖 Einführung StPO - Strafprozessordnung
- 📖 Einführung IPR - Internationales Privatrecht
- 📖 Standardfälle IPR - Internationales Privatrecht
- 📖 Einführung Insolvenzrecht
- 📖 Gewerblicher Rechtsschutz & Urheberrecht
- 📖 Einführung Wettbewerbsrecht
- 📖 Einführung Sportrecht

Karteikarten

- 📚 Grundlagen des Zivilrechts
- 📚 BGB Allgemeiner Teil
- 📚 Schuldrecht BT (§§ 433, 535, 631, 812, 823)
- 📚 Schemata Zivilrecht (AT, SchuldR, SachR, FamR)
- 📚 Strafrecht AT
- 📚 Strafrecht BT 1
- 📚 Strafrecht BT 2
- 📚 Streitfragen Strafrecht
- 📚 Staatsorganisationsrecht
- 📚 Grundrechte
- 📚 Verwaltungsrecht AT
- 📚 Schemata Öffentliches Recht

Die wichtigsten Schemata

- 📖 Band 1: Zivilrecht, Strafrecht, Öffentliches Recht
- 📖 Band 2: Arbeitsrecht, Handelsrecht, Gesellschaftsrecht, StPO, ZPO

Ratgeber Jurastudium

- 📖 Ratgeber 500 Spezial-Tipps für Juristen - Wie man geschickt durchs Studium und das Examen kommt

BWL

- 📖 Einführung in die Betriebswirtschaftslehre
- 📖 Organisationsgestaltung & -entwicklung
- 📖 Fallstudien Organisationsgestaltung & -entwicklung
- 📖 Internationales Management
- 📖 Wie gelingt meine wiss. Abschlussarbeit?
- 📖 Medienwirtschaft für Mediengestalter

Assessorexamen

- 📖 Der Aktenvortrag im Strafrecht
- 📖 Der Aktenvortrag im Zivilrecht
- 📖 Staatsanwaltl. Sitzungsdienst & Plädoyer

Irrtümer und Änderungen vorbehalten!

🎧 bedeutet: auch als Hörbuch lieferbar!

Bei **niederle-media.de** bestellte Bücher treffen idR *nach 1-2 Werktagen* ein!

Fall 1: Figurprobleme

▸ **Standort:** Herausgabeanspruch, § 985 BGB, Eigentumserwerb an beweglichen Sachen, § 929 S. 1 BGB

Nach dem Tode seiner Mutter löst ihr Sohn und Alleinerbe A ihren Haushalt auf. Bei der Entrümpelung des Dachbodens findet A eine kleine Biedermeier-Figur, deren Wert er aufgrund der eingravierten Jahreszahl und der Künstlersignatur auf 200 € schätzt.

Um die Kosten der Haushaltsauflösung wenigstens einigermaßen wieder hereinzubekommen, veranstaltet A in der Grundstückseinfahrt einen Garagenflohmarkt. Auf diesem bietet er auch die Biedermeier-Figur für den von ihm geschätzten Preis an. Im Laufe des Tages erscheint der B, ein Nachbar von As Mutter, auf dem Flohmarkt. B zeigt großes Interesse an der Figur. Nach einigem Verhandeln werden A und B sich einig: A verkauft die Figur für 180 € an B. Nachdem B diesen Betrag an A gezahlt hat, überreicht dieser ihm die Figur und B zieht zufrieden von dannen.

Zwei Wochen später bleibt A beim Zappen bei einer Fernsehsendung über Antiquitäten hängen. In der Sendung sieht er eine Figur, die wie sein Fund vom Dachboden aussieht. Interessiert verfolgt A die weitere Sendung und erfährt, dass es sich bei der von ihm gefundenen Figur um ein Exemplar einer Kleinserie handelt, das einen Wert von 10.000 € hat.

Als A dies erfährt, reut es ihn sofort, dass er die Figur zu solch einem Spottpreis an B verkauft hat. Sofort ruft er B an und teilt ihm mit, dass er sich über den Preis der Figur geirrt habe. Er betrachte den Verkauf als „null und nichtig". B solle ihm daher die Figur wiedergeben. B weist dieses Ansinnen des A zurück. Kann A von B die Herausgabe der Biedermeier-Figur verlangen?

A. Anspruch des A gegen B aus § 985
I. B ist Besitzer (+)
II. A ist Eigentümer der Figur
1. Ursprünglicher Eigentümer: Mutter des A
2. A wurde als Alleinerbe der Mutter Eigentümer, § 1922 I BGB
3. Eigentumsverlust durch Übereignung an B, § 929 S. 1 BGB
a. Einigung über Übergang des Eigentums (+)
b. Nichtigkeit der Einigung wegen Anfechtung durch A, § 142 I BGB
aa. Anfechtungserklärung, § 143 I BGB (+)
bb. Anfechtungsgrund
(1) Inhaltsirrtum, § 119 I, 1. Alt. BGB (-)
(2) Erklärungsirrtum, § 119 I, 2. Alt. BGB (-)
(3) Irrtum über verkehrswesentliche Eigenschaften, § 119 II BGB (-)
cc. Anfechtung der Übereignungserklärung (-)
c. Übergabe der Figur (+)
d. Berechtigung des Verfügenden (+)
e. Zwischenergebnis: A hat Eigentum an der Figur an B verloren
III. Anspruch aus § 985 BGB (-)

B. Anspruch des A gegen B aus § 812 I 1, 1. Alt. BGB
I. B hat etwas erlangt (+)
II. durch Leistung des A (+)
III. ohne Rechtsgrund
1. Möglicher Rechtsgrund: Kaufvertrag zwischen A und B
2. Nichtigkeit des Vertrags wegen Anfechtung durch A, § 142 I BGB
a. Anfechtungserklärung, § 143 I BGB (+)
b. Anfechtungsgrund (-)
c. Anfechtung des Kaufvertrags (-) → Nichtigkeit, § 142 I BGB (-)
IV. Ergebnis: Anspruch aus § 812 I 1, 1. Alt. BGB (-)

A. A könnte von B die Herausgabe der Figur gemäß § 985 BGB verlangen.

I. Hierfür müsste B **Besitzer** der Figur sein. Nach **§ 854 I BGB** wird der Besitz an einer Sache durch die Erlangung der tatsächlichen Gewalt an ihr erworben. Dies geschah durch die Übergabe der Figur an B. Damit ist B als aktueller Inhaber der Sachherrschaft Besitzer der Figur.

Aufbauhinweis: Wenn eine Anspruchsvoraussetzung unproblematisch vorliegt (hier: Besitz an der Sache), kann ihre Prüfung auch vorgezogen werden.

II. Weiterhin muss A der **Eigentümer** der Biedermeier-Figur sein.

1. Ursprünglich war die Mutter des A Eigentümerin der Figur. Dies ergibt sich jedenfalls aus der Vermutung des § 1006 S. 1 BGB.

2. A wurde als **Alleinerbe** seiner Mutter gemäß § 1922 I BGB Eigentümer der Figur.

3. A könnte das Eigentum aber nach § 929 S. 1 BGB an B verloren haben. Dies wäre der Fall, wenn A dem B die Figur übergeben hat und beide sich darüber geeinigt haben, dass das Eigentum auf B übergehen soll.

a. A und B müssen sich darüber **geeinigt** haben, dass das Eigentum auf B übergehen soll. Dabei kann die Einigung auch konkludent erfolgen. Im vorliegenden Fall hat A die Figur nach der Zahlung des Kaufpreises an B übergeben. Dieses Verhalten lässt sich nach §§ 133, 157 BGB dahingehend auslegen, dass A und B den Eigentumsübergang gewollt haben. Eine Einigung iSv § 929 S. 1 BGB liegt damit vor.

b. Es könnte aber sein, dass diese Übereignungserklärung aufgrund einer Anfechtung durch A gemäß § 142 I BGB als von Anfang an (ex tunc) **nichtig** anzusehen ist.

aa. Dann müsste eine **wirksame Anfechtungserklärung** des A vorliegen, § 143 I, II BGB. A hat bei B angerufen und ihm mitgeteilt, dass er den Verkauf aufgrund seines Irrtums über den tatsächlichen Wert der Figur als „null und nichtig" ansehe. Dies ist als konkludente Anfechtung der Übereignungserklärung anzusehen.

bb. A müsste einen **Grund für die Anfechtung** haben.

(1) Ein **Inhaltsirrtum** nach § 119 I, 1. Alt, BGB scheidet aus, da A sich nicht über den Inhalt seiner Willenserklärung irrte. Er wollte die Figur zum vereinbarten Preis von 180 € an B übereignen.

(2) Da A sich auch nicht versprochen und insofern kein falsches Erklärungszeichen gewählt hat, scheidet ein **Erklärungsirrtum** nach § 119 I, 2. Alt. BGB ebenfalls aus.

(3) Es könnte aber ein **Irrtum über verkehrswesentliche Eigenschaften gemäß § 119 II BGB** vorliegen.

Als Eigenschaft werden alle *wertbildenden Faktoren* einer Sache bezeichnet. Dies können z.b. die Herkunft einer Sache, ihr Herstellungsjahr oder ihr Hersteller sein. Keine Eigenschaft ist dagegen der Preis, da dieser durch die oben genannten Faktoren lediglich bestimmt wird. Hier hat sich A nicht über den Hersteller oder das Herstellungsjahr der Figur geirrt. Diese Daten waren ihm vielmehr aufgrund der Gravierung der Figur bekannt. Er hat diese Informationen aber falsch bewertet und den Wert der Figur deshalb falsch eingeschätzt. Daher liegt kein Irrtum über verkehrswesentliche Eigenschaften iSv § 119 II BGB vor. Die Einigung bezüglich der Übereignung ist daher mangels eines Anfechtungsgrundes <u>nicht</u> gemäß § 142 I BGB nichtig.

c. Eine **Übergabe** der Figur liegt vor.

d. Als Eigentümer der Figur ohne Verfügungsbeschränkung war A auch **berechtigt,** über die Sache zu verfügen.

Anmerkung: Dieser Punkt ist bei einer Übereignung durch den Eigentümer zumeist unproblematisch. Es ist deshalb vertretbar, hierzu keine Ausführungen zu machen.

---

e. Damit hat A das Eigentum an der Figur gemäß § 929 S. 1 BGB an B verloren.

III. Da A nicht mehr Eigentümer der Figur ist, hat er gegen B keinen Herausgabeanspruch aus § 985 BGB.

B. A könnte jedoch möglicherweise von B die Rückübereignung und Herausgabe der Figur gemäß § 812 I 1, 1. Alt. BGB verlangen.

I. Dann müsste B zunächst „**etwas erlangt**" haben. Hierunter ist jeder Vermögensvorteil zu verstehen. B hat das Eigentum und den Besitz an der Figur und somit „etwas" iSd § 812 I 1, 1. Alt. BGB erlangt.

II. B müsste den Besitz und das Eigentum an der Figur **durch eine Leistung** des Anspruchstellers A erlangt haben. Leistung ist jede bewusste und zweckgerichtete Mehrung fremden Vermögens (sog. doppelte Finalität). A hat durch die Übereignung der Figur das Vermögen des B bewusst vermehrt. Er verfolgte mit der Eigentumsübertragung den Zweck, seine Verpflichtung aus dem mit B geschlossenen Kaufvertrag zu erfüllen. Damit liegt eine Leistung des A an B vor.

III. Schließlich darf **kein Rechtsgrund** für die Vermögensmehrung des B gegeben sein.

1. Hier kommt als Rechtsgrund der zwischen A und B geschlossene Kaufvertrag (§ 433 BGB) in Betracht.

a. Es könnte aber sein, dass der Kaufvertrag aufgrund einer Anfechtung durch A gemäß § 142 I BGB als von Anfang an nichtig anzusehen ist. Bezüglich möglicher Anfechtungsgründe gilt das oben unter A.II.3.b. ausgeführte entsprechend. Damit liegt mangels Anfechtungsgrundes keine wirksame Anfechtung des Kaufvertrags vor, so dass dieser nicht gemäß § 142 I BGB als von Anfang an nichtig zu betrachten ist.

IV. Somit liegt ein rechtlicher Grund für die Leistung des A an B vor. Ein Anspruch des A gegen B aus § 812 I, 1. Alt. scheidet folglich aus.

▸ **Literatur**
📕 Skript „Einführung in das Sachenrecht 1", Lektion 9
📕 Früh, **JuS** 1995, S. 221 (Eigentum und Besitz)

Fall 2: Sammelsurium

▶ **Standort:** Gutgläubiger Erwerb gemäß §§ 929 S. 1, 932 I 1 BGB, Abhandenkommen, § 935 BGB

A geht an einem schönen Wochenende über einen Flohmarkt. Am Stand des B sieht er einige Dinge, die sein Interesse wecken. Nach einigem Feilschen erwirbt A eine alte Schiffsglocke, ein Album mit abgestempelten Briefmarken aus der Zeit der Weimarer Republik sowie ein paar alte Geldscheine (Wertaufdruck je 1 Milliarde Reichsmark) aus der Zeit der Weltwirtschaftskrise von 1929.

A weiß nicht, dass es sich bei diesen Gegenständen um Diebesgut handelt. Die Sachen wurden dem C von dem Dieb D gestohlen. B, der Freund des D, hilft dem D, das Diebesgut zu Geld zu machen. A zahlt den Kaufpreis mit einem 100-Euro-Schein, den er vor dem Marktgelände gefunden hat. Der Schein war dem E unbemerkt aus der Hosentasche gefallen, als er sein Feuerzeug aus der Tasche holte. Wer hat an welchen Gegenständen Eigentum erworben?

A. Eigentumserwerb des A
I. Eigentumserwerb an der <u>Schiffsglocke</u>
1. Erwerb nach § 929 S. 1 BGB (-)
2. Gutgläubiger Erwerb, §§ 929 S. 1, 932 I 1 BGB
a. Voraussetzungen § 929 S. 1 BGB (Einigung, Übergabe) (+)
b. Guter Glaube des A , § 932 II BGB (+)
c. Ausschluss nach § 935 I 1 BGB (+) → §§ 929 S. 1, 932 I 1 BGB (-)
3. Zwischenergebnis: Eigentumserwerb des A an der Schiffsglocke (-)

II. Eigentumserwerb am <u>Briefmarkenalbum</u>
1. Erwerb nach § 929 S. 1 BGB (-)
2. Gutgl. Erwerb nach §§ 929 S.1, 932 I 1 BGB wg. § 935 I 1 BGB (-)
3. Zwischenergebnis: Eigentumserwerb am Album (-)

III. Eigentumserwerb an den <u>im Album befindlichen Briefmarken</u>
1. Gutgl. Eigentumserwerb nach §§ 929 S. 1, 932 I 1 BGB
a. Einigung, Übergabe, guter Glaube des A, § 932 I 1 BGB (+)
b. Ausschluss nach § 935 I 1 BGB
aa. Gestohlene Sache (+)
bb. Ausnahme nach § 935 II BGB (-)
2. Gutgl. Eigentumserwerb des A an den Briefmarken (-)

IV. Gutgl. Eigentumserwerb an <u>Geldscheinen</u>, §§ 929 S.1, 932 I 1 BGB (-)
V. Ergebnis: Kein Eigentumserwerb des A an den auf dem Flohmarkt erstandenen Sachen

B. Eigentumserwerb des B an dem 100-Euro-Schein
I. Erwerb nach § 929 S. 1 BGB (-) -> A war Nichtberechtigter
II. Gutgl. Eigentumserwerb gemäß §§ 929 S.1, 932 I 1 BGB
1. Einigung, Übergabe, guter Glaube des B, §§ 929 S. 1, 932 I 1 BGB (+)
2. Ausschluss nach § 935 I 1 BGB
a. Verlorene Sache (+)
b. Ausschlusstatbestand, § 935 II BGB (+)
3. Zwischenergebnis: Gutgl. Erwerb des B, §§ 929 S. 1, 932 I 1 BGB (+)
III. Ergebnis: Eigentumserwerb des B am Geldschein (+)

A. Der A könnte an den nachfolgenden Gegenständen Eigentum erworben haben:

I. Zunächst kommt ein Eigentumserwerb des A an der Schiffsglocke in Betracht.

1. In Frage kommt ein Eigentumserwerb nach § 929 S. 1 BGB. Zwar haben A und B sich im Sinne von § 929 S. 1 BGB über den Eigentumsübergang **geeinigt** und die Schiffsglocke wurde an A **übergeben.** Allerdings ist B nicht der Eigentümer der Glocke und somit nicht **Berechtigter.** Es ist nicht ersichtlich, dass B vom Eigentümer C, dem die Glocke gestohlen wurde, gemäß § 185 I BGB zur Eigentumsübertragung ermächtigt wurde. Weiterhin liegt auch keine wirksame Ermächtigung durch D vor, da dieser als Nicht-Eigentümer eine solche nicht wirksam erteilen kann. Ein Eigentumserwerb nach § 929 S. 1 BGB scheidet daher aus.

2. Es kommt aber ein **gutgläubiger Eigentumserwerb** nach §§ 929 S.1, 932 I 1 BGB in Betracht.

a. Die Voraussetzungen des § 929 S. 1 BGB (Einigung und Übergabe) liegen bis auf die Berechtigung des B vor.

b. Auch war A unbekannt, dass B nicht Eigentümer der Glocke war. Ferner enthält der Sachverhalt keine Anzeichen dafür, dass A dies hätte erkennen können. Damit war A im Sinne von § 932 II BGB **gutgläubig.**

c. Somit liegen die Voraussetzungen für einen gutgläubigen Eigentumserwerb an sich vor. Hier könnte aber ein solcher nach **§ 935 I 1 BGB ausgeschlossen** sein. Nach dieser Vorschrift ist insbesondere ein Eigentumserwerb an gestohlenen Sachen ausgeschlossen. Hier ist die Glocke dem C von D gestohlen worden.

3. Folglich wurde A nicht Eigentümer der Schiffsglocke.

II. Es kommt ferner ein Eigentumserwerb des A an dem **Briefmarkenalbum** in Betracht.

1. Ein Erwerb nach § 929 S. 1 BGB scheidet wegen der fehlenden Berechtigung des B aus (s.o.).

2. Da auch das Briefmarkenalbum gestohlen wurde, scheidet gemäß § 935 I 1 BGB ein gutgläubiger Erwerb nach §§ 929 S.1, 932 I 1 BGB auch insofern aus.

3. Damit wurde A auch nicht Eigentümer des Briefmarkenalbums.

III. Es könnte aber sein, dass A das Eigentum an den in dem Album befindlichen **Briefmarken** erworben hat.

1. Da B nicht Berechtigter ist, kommt hier nur ein gutgläubiger Eigentumserwerb nach §§ 929 S. 1, 932 I 1 BGB in Betracht.

a. Einigung, Übergabe sowie der gute Glaube des A im Sinne von § 932 I 1, II BGB liegen vor.

b. Allerdings könnte ein Eigentumserwerb nach § 935 I 1 **BGB ausgeschlossen** sein.

aa. Bei den Briefmarken handelt es sich um **gestohlene** Sachen.

bb. Hier könnte jedoch die Ausnahmeregelung des § 935 II **BGB** eingreifen, da Briefmarken als Ersatzmittel für Geld anzusehen sind. Die Ausnahmeregelung des § 935 II setzt hinsichtlich des Geldes voraus, dass es umlauffähig, d.h. objektiv als Zahlungsmittel geeignet ist. Dieses muss auch für Geldersatzmittel gelten. Demnach ist nur an gestohlenen **gültigen** Briefmarken ein gutgläubiger Eigentumserwerb möglich. Hier handelt es sich aber um Sammlerstücke, die abgestempelt und somit nicht mehr gültig sind. Auf diese Geldersatzmittel findet § 935 II BGB keine Anwendung.

c. Damit hat A die Briefmarken im Album nicht gutgläubig erworben.

IV. Ein gutgläubiger Eigentumserwerb des A an den Geldscheinen aus der Zeit der Weltwirtschaftskrise scheidet ebenfalls aus, da diese nicht mehr als Zahlungsmittel zugelassen sind (vgl. oben).

V. Damit hat A an keinem der Gegenstände vom Flohmarkt Eigentum erworben.

B. Es stellt sich die Frage, ob B das Eigentum an dem ihm von A ausgehändigten 100-Euro-Schein erworben hat.

I. In Betracht kommt ein Eigentumserwerb nach § 929 S.1 **BGB.** A ist ursprünglich nicht Eigentümer des Scheins gewesen. Eigentümer war vielmehr der E, der ihn verloren hat. Fraglich ist, ob A durch das Finden des Geldscheines das Eigentum an ihm erworben hat.

1. Es handelte sich bei dem Geldschein nicht um eine **herrenlose Sache,** so dass ein Eigentumserwerb nach **§ 958 I BGB** nicht in Betracht kommt.

2. Auch ein Erwerb gemäß der fundspezifischen Regelung des **§ 973 I BGB** scheidet aus.

3. Das Verlieren des Scheines durch E und der Fund durch A haben also nicht dazu geführt, dass E das Eigentum verloren hat.

A war mithin **Nichtberechtigter,** womit ein Eigentumserwerb nach § 929 S. 1 BGB ausscheidet.

II. Daher kommt nur ein **gutgläubiger Eigentumserwerb** des B gemäß §§ 929 S.1, 932 I 1 BGB in Betracht.

1. Einigung, Übergabe sowie guter Glaube des B liegen vor.

2. Der Eigentumserwerb könnte aber an § 935 I 1 BGB scheitern.

a. Bei dem Geldschein handelt es sich um eine verlorene Sache.

b. Bei dem 100-Euro-Schein handelt es sich aber um eine gültige und damit umlauffähige Banknote. Damit greift die Ausnahmeregelung des § 935 II BGB ein.

3. Somit konnte B das Eigentum an der Banknote gemäß §§ 929 S. 1, 932 I 1 BGB gutgläubig erwerben.

III. B ist Eigentümer des 100-Euro-Scheins geworden.

▸ **Literatur**
📖 Skript „Einführung in das Sachenrecht 1", Lektion 10
📖 Früh, **JuS** 1995, S. 221 (Eigentum und Besitz)

Fall 3: Kulturschock

▸ **Standort:** Eigentumserwerb nach §§ 929 S. 1, 931 BGB

Der wohlhabende K ist ein begeisterter Sammler von Kunst aller Art. So nennt er u.a. auch eine umfangreiche Sammlung antiker chinesischer Vasen sein Eigen. Eine dieser Vasen hat er dem Museum M für eine Ausstellung über antike chinesische Kunst leihweise zur Verfügung gestellt. Kurz vor dem Ende der Ausstellung meldet sich der L bei K. Er sei ebenfalls Sammler und daran interessiert, die Vase zu erwerben. Im Gegenzug wolle er dem K ein modernes Bild eines aufstrebenden jungen Künstlers anbieten.

K, der schon seit langem ein Werk dieses künstlerischen Newcomers erwerben wollte, ist sofort einverstanden. K und L einigen sich darauf, dass das Eigentum an der Vase auf L übergehen soll. Weiterhin tritt K seinen Herausgabeanspruch gegen M an L ab. K erhält von L das begehrte Gemälde. Kurze Zeit später kommt es zu einem Unfall, bei dem die Vase zerstört wird: Der vorbeikommende B stolpert über seine offenen Schnürsenkel und reißt im Fallen die Vase von ihrem Sockel. L verlangt von B nun Schadensersatz für die zerstörte Vase. Zu Recht?

A. Schadensersatzansprüche des L gegen B aus EBV, §§ 987 ff. BGB (-) → B nicht Besitzer der Vase

B. Schadensersatzanspruch des L aus § 280 I BGB (-) → kein Schuldverhältnis zwischen L und B

C. Schadensersatzanspruch des L aus § 823 I BGB
I. Rechtsgutsverletzung: Eigentumsverletzung
1. Ursprünglicher Eigentümer der Vase: K
2. Eigentumserwerb des L gemäß § 929 S. 1 BGB
a. Einigung über Eigentumsübergang (+)
b. Übergabe, § 929 S. 1 BGB (-)
c. Ersetzung der Übergabe durch Surrogat, § 931 BGB (+)
aa. Herausgabeanspruch des K gegen M (+)
bb. Abtretung, § 398 BGB (+)
d. Berechtigung des K (+)

e. Zwischenergebnis: L hat Eigentum an der Vase erlangt
3. Eigentumsverletzung (+) → Rechtsgutsverletzung (+)
II. Rechtswidrigkeit (+)
III. Verschulden: hier Fahrlässigkeit, § 276 II BGB
IV. Kausaler Schaden (+)
V. Schadensersatzanspruch aus § 823 I BGB (+)

A. Ein Schadensersatzanspruch des L gegen B aus §§ 987 ff. BGB scheidet aus.

Ein solcher Anspruch scheitert schon daran, dass B zum Zeitpunkt der schädigenden Handlung nicht Besitzer der Vase war.

Hinweis: Es ist auch vertretbar, hier zunächst die Eigentümerstellung des L zu prüfen. Da ein Anspruch aus dem Eigentümer-Besitzer-Verhältnis aber offensichtlich wegen der fehlenden Besitzerstellung des B ausscheidet, sollten diese Anspruchsgrundlagen kurz abgehandelt werden.

B. Wegen eines fehlenden Schuldverhältnisses zwischen L und B scheidet ein Schadensersatzanspruch des L aus § 280 I BGB ebenfalls aus.

Der Sachverhalt liefert auch keine Anhaltspunkte dafür, dass zwischen M und B ein Vertrag besteht, der Schutzwirkung zugunsten des L entfalten könnte.

C. Es könnte aber ein Schadensersatzanspruch des L gegen B aus § 823 I BGB gegeben sein.

I. Es müsste ein **Rechtsgut des L** verletzt worden sein. Hier kommt eine Verletzung seines Eigentums in Betracht.

1. Ursprünglich stand die Vase im **Eigentum** des K.

2. L könnte aber von K das Eigentum nach § 929 S. 1 BGB erworben haben.

a. L und K haben sich darüber **geeinigt,** dass L Eigentümer der Vase werden soll.

b. Es müsste eine **Übergabe** der Vase an L vorliegen. Eine Übergabe im Sinne des § 929 S. 1 BGB meint die Verschaffung des - nicht unbedingt - unmittelbaren Besitzes beim Erwerber unter der vollständigen Aufgabe der Besitzposition beim Veräußerer. Eine Übergabe in diesem Sinne lag nicht vor.

c. Die Übergabe an L könnte aber durch das **Surrogat nach § 931 BGB** ersetzt worden sein. Dies wäre der Fall, wenn K seinen Herausgabeanspruch gegenüber dem Besitzer der Vase (M) an den Erwerber L abgetreten hätte.

aa. K hat gegen M einen Herausgabeanspruch gemäß § 604 I BGB.

bb. Diesen Anspruch hat K gemäß § 398 S. 1 BGB an L abgetreten.

d. Auch war K als Eigentümer der Vase **Berechtigter.**

e. Damit wurde L Eigentümer der Vase.

3. Dieses Eigentum wurde von B **verletzt,** als er die Vase zerstörte.

II. Es sind keine Rechtfertigungsgründe erkennbar, so dass die Rechtsgutverletzung **rechtswidrig** war.

III. B müsste **schuldhaft** gehandelt haben. Als B mit dem offenen Schnürsenkel durch das Museum ging, konnte er vorhersehen, dass er möglicherweise stolpern und durch den Sturz die Exponate beschädigen könnte. Er hat damit die im Verkehr erforderliche Sorgfalt außer Acht gelassen. Die Eigentumsverletzung geschah somit **fahrlässig** im Sinne von § 276 II BGB.

IV. Durch die Zerstörung der Vase ist dem L ein **Schaden** entstanden.

V. Damit besteht ein Schadensersatzanspruch des L gegen B aus § 823 I BGB.

📖 Skript „Einführung in das Sachenrecht 1", Lektion 9
📖 Früh, **JuS** 1995, 221 ff. (Eigentum und Besitz)

Fall 4: Dampfbad oder Auto?

▸ **Standort:** Eigentumserwerb nach §§ 929 S. 1, 930 BGB

Obwohl die Geschäfte schlecht laufen, möchte Bauunternehmer S seinen luxuriösen Lebensstil beibehalten. Daher hat er beschlossen, sich in seine Villa ein neues Bad mit Marmorwanne und türkischem Dampfbad (Wert: 50.000 €) einbauen zu lassen.

Da S aus den bereits genannten Gründen den Betrag nicht „flüssig" hat, möchte er bei seiner Hausbank B ein Darlehen über die 50.000 € aufnehmen. Die B will ihm das Darlehen aber nur gewähren, wenn S entsprechende Sicherheiten bieten kann. Hierfür soll der Luxuswagen des S dienen.

Vereinbarungsgemäß übereignet S der B das Auto als Sicherheit für das Darlehen. S darf den Wagen aber solange weiter benutzen, bis die B ihn zur Befriedigung ihrer Forderung herausverlangt. Zwei Wochen später meldet sich die B bei S und teilt ihm mit, dass er ihr den Fahrzeugbrief[1] noch nicht übergeben habe. S erwidert, dass er dieses auch nicht vorhabe. Die B besteht aber auf der Herausgabe des Briefs. Zu Recht?

A. Anspruch aus Sicherungsabrede (-)

B. Herausgabeanspruch der B gegen S aus § 985 BGB
I. Besitz des S am Fahrzeugbrief (+)
II. Eigentum der B, § 952 BGB analog
1. Eigentum der B am PKW
a. Ursprünglicher Eigentümer: S
b. Eigentumserwerb der B nach § 929 S. 1 BGB
aa. Einigung über Eigentumsübergang (+)
bb. Übergabe, § 929 S. 1 BGB (-)

---

[1] Die im Fahrzeugbrief amtlich eingetragenen Personalien bezeichnen die natürliche oder juristische Person, die über das Kraftfahrzeug verfügungsberechtigt ist. Der Fahrzeugbrief sichert – anders als der Fahrzeug*schein* – das Eigentum. Der Fahrzeugbrief wird seit Oktober 2005 aufgrund der Umsetzung einer EG-Richtlinie als *Zulassungsbescheinigung Teil II* bezeichnet.

cc. Übergabesurrogat nach § 930 BGB (+)
(1) Eigentümer im Besitz der Sache (+)
(2) Vereinbarung eines Besitzmittlungsverhältnisses isd § 868 BGB (+)
(3) Zwischenergebnis: Voraussetzungen des § 930 BGB (+)
dd. Einigsein (+)
ee. Berechtigung des S (+)
c. Zwischenergebnis: Eigentumserwerb der B (+)
III. Kein Recht zum Besitz des S, § 986 BGB (+)
IV. Herausgabeanspruch der B gegen S aus § 985 BGB (+)

A. Ein Herausgabeanspruch der B gegen S ergibt sich nicht aus der Sicherungsabrede.

Für eine solche Vereinbarung innerhalb der Sicherungsabrede liefert der Sachverhalt keine Anhaltspunkte.

B. B könnte gegen S aber gemäß § 985 BGB einen Anspruch auf Herausgabe des Fahrzeugbriefs haben.

I. S ist im **Besitz** (§ 854 I BGB) des Kfz-Briefs.

II. Weiterhin müsste die B **Eigentümerin** des Briefs sein. Nach hM findet auf den Kfz-Brief § 952 II BGB analoge Anwendung, wobei das Fahrzeug an die Stelle der Forderung tritt. Das bedeutet, dass die B Eigentümerin des Kfz-Briefs ist, wenn sie Eigentümerin des Autos ist.

1. Die B müsste Eigentümerin des Autos sein.

a. Ursprünglich war S Eigentümer des Luxuswagens.

b. Die B könnte aber gemäß § 929 S. 1 BGB Eigentümerin geworden sein.

aa. B hat sich mit S über den Eigentumsübergang geeinigt.

bb. Allerdings fehlt es an einer **Übergabe** des Wagens. Stattdessen hat S den Wagen weiterhin in seinem Besitz.

cc. Die Übergabe könnte allerdings durch ein **Surrogat** gemäß **§ 930 BGB** ersetzt worden sein.

(1) S ist als Eigentümer im Besitz der Sache gewesen.

(2) B und S müssten ein **Besitzmittlungsverhältnis** im Sinne des § 868 BGB vereinbart haben, wonach der S den Wagen mit Fremdbesitzerwillen für die B besitzen soll. Allerdings wurde keines der in dieser Vorschrift aufgezählten Rechtsverhältnisse begründet. S und B haben aber eine *Sicherungsabrede* getroffen. Diese stellt nach ganz hM ein „ähnliches Verhältnis" im Sinne des § 868 BGB dar. Somit liegt ein Besitzmittlungsverhältnis zwischen B und S vor.

(3) Die Voraussetzungen des Übergabesurrogats gemäß § 930 BGB sind gegeben.

dd. Auch wirkte die Einigung zwischen B und S fort.

ee. Als Eigentümer des Wagens war S zur Verfügung auch **berechtigt.**

c. Damit hat die B das Eigentum an dem Fahrzeug gemäß §§ 929 S.1, 930 BGB erworben. Somit ist sie auch gemäß § 952 II BGB analog Eigentümerin des Kfz-Briefs geworden.

III. S hat gegenüber der B kein Recht zum Besitz des Dokuments im Sinne des § 986 I BGB.

IV. Folglich hat B gegen S einen Anspruch auf Herausgabe des Kfz-Briefs aus § 985 BGB.

▶ **Literatur**
📖 Skript „Einführung in das Sachenrecht 1", Lektion 9
📖 Früh, **JuS** 1995, 221 ff. (Eigentum und Besitz)

Fall 5: Dampfbad oder Auto? Teil II

▶ **Standort:** Gutgläubiger Erwerb; Bösgläubigkeit

Trotz des Kredits der B verfügt S noch immer nicht über genügend Geld für den Umbau seines Bades. Dies liegt unter anderem auch daran, dass er noch einige „Extras" einbauen ließ. Um an Geld zu kommen – und um es der B wegen des Fahrzeugbriefs „heimzuzahlen" – beschließt S, das Fahrzeug zu verkaufen. Bereits eine Besitzüberlassung an Dritte ist aber laut Sicherungsabrede ausdrücklich untersagt.

Um einen möglichst guten Preis zu erzielen, versteigert S das Fahrzeug in einer Internetbörse. Das Auto wird von D für 37.000 € ersteigert. D und S vereinbaren einen Termin, an dem D den Wagen abholen und auch gleich bezahlen soll. Wie vereinbart, bezahlt D bei Erscheinen und erhält von S die Autoschlüssel und den Fahrzeug*schein*. Als D nach dem Fahrzeug*brief* fragt, behauptet S, ihn momentan nicht finden zu können. Er werde ihn aber dem D aushändigen, sobald er ihn gefunden habe. D glaubt dieser Aussage und fährt mit dem Auto davon.

Als die B von diesen Geschehnissen erfährt, fragt sie ihren Anwalt, ob sie von D die Herausgabe des Wagens verlangen kann. Ist dies der Fall?

Herausgabeanspruch der B gegen D aus § 985 BGB
A. D = Besitzer des PKW
B. B = Eigentümerin?
I. Ursprünglich war B Eigentümerin (siehe voriger Fall)
II. Eigentumsverlust durch Veräußerung S an D
→ Eigentumserwerb des D nach § 929 S. 1 BGB?
1. Einigung über Eigentumsübergang (+)
2. Übergabe des PKW (+)
3. Einigsein im Zeitpunkt der Übergabe (+)
4. Berechtigung des S (-)
5. Zwischenergebnis: Eigentumserwerb des D nach § 929 S. 1 BGB (-)
III. Eigentumsverlust der B durch gutgläubigen Eigentumserwerb des D, §§ 929 S. 1, 932 I 1 BGB?
1. Voraussetzungen des § 929 S. 1 BGB (+)
2. Überwindung der fehlenden Berechtigung durch § 932 I 1 BGB

→ Gutgläubigkeit des D? Hier: Grob fahrlässige Unkenntnis
des D von fehlender Berechtigung des S → fehlender Fahrzeugbrief
3. Zwischenergebnis: Kein gutgläubiger Eigentumserwerb durch D,
§§ 929 S. 1, 932 I 1 BGB → Kein Eigentumsverlust der B
C. Kein Recht zum Besitz des D gemäß § 986 I
D. Ergebnis: Herausgabeanspruch der B gegen D aus § 985 BGB (+)

Die B könnte von D die Herausgabe des Fahrzeugs gemäß § 985 BGB verlangen.

A. D ist im **Besitz** (§ 854 I BGB) des Wagens.

B. Die B müsste **Eigentümerin** des Autos sein.

I. Ursprünglich war B Eigentümerin. Sie hatte das Eigentum nach §§ 929 S. 1, 930 BGB von S erworben (vgl. Fall 4).

II. Sie könnte das Eigentum aber durch die Veräußerung des Wagens von S an D gemäß § 929 S. 1 BGB verloren haben.

1. S und D haben sich dahingehend **geeinigt,** dass D Eigentümer des Autos werden soll.

2. Des Weiteren hat S das Auto an D **übergeben.**

3. Im Zeitpunkt der Übergabe waren D und S sich über den Eigentumsübergang auch **einig.**

4. Allerdings war S nicht der Eigentümer des PKW. Da S auch nicht durch die B gemäß § 185 I BGB zur Eigentumsübertragung ermächtigt war, handelte er als Nichtberechtigter.

5. Damit hat D das Eigentum an dem Wagen nicht gemäß § 929 S. 1 BGB erworben.

III. D könnte aber **gutgläubig** gemäß §§ 929 S.1, 932 I 1 BGB Eigentümer des Autos geworden sein.

1. Die Voraussetzungen des § 929 S.1 BGB liegen mit Ausnahme der Berechtigung des S vor.

2. Diese fehlende Berechtigung könnte nach § 932 I 1 BGB überwunden worden sein. Hierfür müsste D **gutgläubig** gewesen sein.

Gemäß § 932 II BGB liegt kein guter Glaube des Erwerbers vor, wenn ihm bekannt oder infolge grober Fahrlässigkeit unbekannt ist, dass die Sache nicht dem Veräußerer gehört.

Dem Sachverhalt lässt sich nicht entnehmen, dass D positive Kenntnis von dem fehlenden Eigentum des S hatte. Es kommt aber **grobe Fahrlässigkeit** in Betracht. Grobe Fahrlässigkeit liegt vor, wenn die im Verkehr erforderliche Sorgfalt in *ungewöhnlich hohem Maße* verletzt wird und dasjenige außer Acht gelassen wird, was jedermann hätte auffallen müssen.

Bei der Veräußerung eines Gebrauchtwagens liegt grobe Fahrlässigkeit vor, wenn der Erwerber sich nicht aufgrund der Eintragung im Kfz-*Brief*[2] davon überzeugt[3], dass der Veräußerer verfügungsbefugt ist. Vorliegend hat D die Vorlage des Fahrzeugbriefs von S nicht einmal verlangt. Er handelte damit grob fahrlässig und war somit bösgläubig im Sinne von § 932 II BGB.

---

[2] Der Fahrzeug*brief* wird seit Oktober 2005 aufgrund der Umsetzung einer EG-Richtlinie als *Zulassungsbescheinigung Teil II* bezeichnet, vgl. Fn. 1 Seite 21. Nicht mit dem Fahrzeugbrief verwechselt werden darf der Fahrzeug*schein,* der gutgläubigen Eigentumserwerb nicht begründen kann. Stets muss auch der Brief vorgelegt werden, in welchem normalerweise der *Eigentümer* eingetragen ist. Der Kauf eines Autos ohne Fahrzeugbrief schließt den gutgläubigen Erwerb stets aus.

[3] Insbesondere dann, wenn die im Brief eingetragene Person nicht mit dem Verkäufer identisch ist, muss der Käufer Nachforschungen anstellen. Ansonsten handelt er bösgläubig.

3. Damit scheidet ein gutgläubiger Eigentumserwerb des D aus. Die B ist Eigentümerin des Fahrzeugs geblieben.

C. Auch kann D **kein Recht zum Besitz** im Sinne des § 986 I BGB gegenüber B geltend machen. Insbesondere gibt der zwischen S und D geschlossene Kaufvertrag dem D kein Besitzrecht gegenüber der B. Auch ein von S *abgeleitetes Besitzrecht* des D gemäß § 986 I 1, 2. Alt. BGB besteht nicht.

D. B kann daher von D die Herausgabe des Autos gemäß § 985 BGB verlangen.

▶ **Literatur**
📖 Skript „Einführung in das Sachenrecht 1", Lektion 10
📖 Früh, **JuS** 1995, 221 ff. (Eigentum und Besitz)

Fall 6: Dampfbad oder Auto? Teil III

▶ **Standort:** Eigentümer-Besitzer-Verhältnis, §§ 987 ff. BGB; Nutzungen, §§ 990 I 1, 987 BGB; Verwendungen, § 994 BGB; Zurückbehaltungsrecht des Besitzers, § 1000 S. 1 BGB

Die B-Bank wendet sich an D und macht ihren Herausgabeanspruch geltend (vgl. Fall 5). Nachdem sie durch eine Werbeanzeige von der Vermietung der Luxuslimousine für Hochzeiten erfahren hatte, fordert sie von D die Herausgabe der Einnahmen, die er mit diesem Service verdient hat.

D verweigert die Herausgabe des Autos. Auch werde er seine Mieteinnahmen nicht an die B herausgeben. Er habe erst vor kurzem eine Menge Geld in die Wartung und Reparatur des Autos gesteckt. Die Bremsanlage sowie die Zylinderkopfdichtung mussten ausgetauscht werden. Solange er diese Kosten nicht ersetzt bekomme, bleibe die Luxuskarosse bei ihm. Welche Ansprüche hat die B gegen D?

A. Herausgabeanspruch der B gegen D aus § 985 BGB
I. Voraussetzungen der §§ 985, 986 BGB (+)
II. Anspruch nicht erloschen (+)
III. Durchsetzbarkeit des Anspruchs?
1. Zurückbehaltungsrecht des D gemäß § 273 II BGB
a. Verpflichtung des D zur Herausgabe eines Gegenstandes (+)
b. Anspruch des D auf Verwendungsersatz gemäß § 994 II BGB
aa. Eigentümer-Besitzer-Verhältnis zum Zeitpunkt der Verwendungen (+)
bb. Bösgläubigkeit des D beim Besitzerwerb, § 932 II BGB analog (+)
cc. Vornahme notwendiger Verwendungen durch D
(1) Verwendungen (+)
(2) Notwendigkeit der Verwendungen (+)
dd. Rechtsfolge: Ersatzpflicht des Eigentümers nach den Regeln der GoA
(1) Partieller Rechtsgrundverweis
(2) Hier: berechtigte GoA iSv § 683 S. 1 BGB
ee. Zwischenergebnis: Anspruch des D auf Verwendungsersatz nach
§§ 994 II, 683 S. 1 BGB (+)
c. Fälligkeit des Anspruchs (-)
d. Zurückbehaltungsrecht des D aus § 273 II BGB (-)
2. Zurückbehaltungsrecht des D aus § 1000 S. 1 BGB (+)
3. Anspruch nicht durchsetzbar
IV. Herausgabeanspruch gegen D aus § 985 BGB (-)

B. Anspruch der B gegen D auf Mietherausgabe aus §§ 990 I 1, 987 I BGB
I. Eigentümer-Besitzer-Verhältnis zum Zeitpunkt der Vermietungen (+)
II. Bösgläubigkeit des D, § 932 II BGB analog
III. Nutzungsziehung durch D (+)
IV. Keine Erlöschensgründe (+)
V. Durchsetzbarkeit des Anspruchs (+)
VI. Zwischenergebnis: Anspruch der B gegen D auf Herausgabe der Mieteinnahmen aus §§ 990 I 1, 987 I BGB (+)

A. B könnte einen Anspruch gegen D auf Herausgabe des Fahrzeugs nach § 985 BGB haben.

I. Wie bereits dargestellt, liegen die Voraussetzungen des Herausgabeanspruchs gemäß §§ 985, 986 BGB vor (vgl. Fall 5).

II. Der Anspruch ist auch **nicht erloschen.**

III. Fraglich ist jedoch die **Durchsetzbarkeit** des Herausgabeanspruchs. D macht geltend, dass er den Wagen nur dann herausgeben wird, wenn er Ersatz für die ihm entstandenen Werkstattkosten erhält. Bei diesen Kosten könnte es sich um Verwendungen handeln, die womöglich ein Zurückbehaltungsrecht begründen.

1. Hinsichtlich des Ersatzes für die Verwendungen käme ein **Zurückbehaltungsrecht** des D gemäß § 273 II BGB in Betracht.

a. D ist zur Herausgabe eines Gegenstandes (PKW) verpflichtet.

b. D müsste einen Anspruch auf Verwendungsersatz haben. Da D bei Erwerb des Besitzes bösgläubig war (siehe Fall 5), kommt hier ein Verwendungsersatzanspruch nur nach Maßgabe des § 994 II BGB in Betracht.

aa. Zum Zeitpunkt der Reparatur des Autos lag ein Eigentümer-Besitzer-Verhältnis vor.

bb. Beim Besitzerwerb verhielt sich D grob fahrlässig hinsichtlich des Eigentums des S. D verkannte daher grobfahrlässig den Mangel seines eigenen Besitzrechts und war damit **bösgläubig** gemäß **§ 932 II BGB analog.**

cc. D muss am Auto während der Vindikationslage **notwendige Verwendungen** vorgenommen haben.

(1) Verwendungen sind nach dem herrschenden *engen Verwendungsbegriff* nur freiwillige Vermögensaufwendungen, die nach dem Willen des Besitzers der Sache unmittelbar zugute kommen sollen, also ihrer Erhaltung, Wiederherstellung oder Verbesserung dienen, ohne die Sache grundlegend zu verändern. Die hier durchgeführten Reparaturen an der Bremsanlage und der Zylinderkopfdichtung dienten allein der Erhaltung des Wagens. Es liegen damit Verwendungen vor.

(2) Diese Verwendungen müssten **notwendig** gewesen sein. Eine Verwendung ist notwendig, wenn sie objektiv erforderlich ist, um die Sache in ihrer Substanz oder ihrer Nutzungsfähigkeit zu erhalten. Die vorgenommenen Reparaturen waren notwendig, um das Fahrzeug funktionsfähig und verkehrssicher zu erhalten. Die Verwendungen waren damit notwendig.

dd. Damit ist die B dem Besitzer D laut § 994 II BGB nach den Regeln der Geschäftsführung ohne Auftrag zum Ersatz der Verwendungen verpflichtet.

(1) Dieser Verweis ist ein partieller Rechtsgrundverweis, da ein Fremdgeschäftsführungswille im Sinne des § 687 I, II BGB bei der Vornahme der Verwendungen nicht erforderlich ist. Ansonsten müssen die Voraussetzungen einer Geschäftsführung ohne Auftrag aber vorliegen. Insoweit ist hier die Unterscheidung zwischen berechtigter (§ 683 BGB bzw. § 684 S. 2 BGB) und unberechtigter (§ 684 S.1 BGB) Geschäftsführung ohne Auftrag relevant.

(2) Hier könnte eine **berechtigte Geschäftsführung** ohne Auftrag im Sinne von § 683 S. 1 BGB vorliegen. Hierfür müsste die Reparatur des Autos dem *wirklichen* oder *mutmaßlichen Willen* der B entsprochen haben. Die Verwendungen entsprechen dem (objektivierten) Willen des Geschäftsherrn, wenn sie objektiv nützlich sind. Die Instandhaltung des Wagens ist objektiv nützlich, da sie ihn funktionstüchtig und verkehrssicher hält. Sie entspricht damit zumindest dem mutmaßlichen Willen der B.

ee. Damit kann D von B nach §§ 994 II, 683 S. 1 BGB den Ersatz der Reparaturkosten verlangen.

c. Dieser Anspruch müsste schließlich **fällig** sein. Der Anspruch auf Verwendungsersatz wird aber gemäß § 1001 S. 1 BGB erst bei Herausgabe der Sache oder bei Genehmigung der Verwendung fällig. Hier ist jedoch noch keine Herausgabe der Limousine erfolgt. Auch hat B die Reparatur nicht genehmigt. Der Anspruch ist somit nicht fällig.

d. Folglich kann D kein Zurückbehaltungsrecht aus § 273 II BGB geltend machen.

2. Ferner ist § 1000 S. 1 BGB zu beachten. Diese Vorschrift gibt dem Besitzer auch dann ein Zurückbehaltungsrecht, wenn sein Anspruch auf Verwendungsersatz noch nicht fällig ist.

3. Da D ein Zurückbehaltungsrecht gemäß § 1000 S. 1 BGB geltend machen kann, ist der von B gegen ihn gerichtete Herausgabeanspruch nicht durchsetzbar.

IV. Somit kann B von D nicht gemäß § 985 BGB die Herausgabe des Autos verlangen. Der Anspruch ist erst durchsetzbar, wenn B dem D seine Verwendungen ersetzt hat.

B. Weiterhin kommt ein Anspruch der B gegen D auf Herausgabe der Mieteinnahmen aus §§ 990 I 1, 987 I BGB in Betracht.

I. Zum Zeitpunkt der Vermietungen des Wagens an Dritte lag zwischen D und B ein **Eigentümer-Besitzer-Verhältnis** vor.

II. Auch war D ein **bösgläubiger** Besitzer (§ 932 II BGB analog).

III. Es muss eine **Nutzungsziehung** durch D vorliegen. Nutzungen sind nach der Legaldefinition des § 100 BGB u.a. die Früchte einer Sache. Nach § 99 III BGB versteht man unter Früchten einer Sache auch die Erträge, die eine

Sache aufgrund eines Rechtsverhältnisses gewährt. Die vorliegenden Mieteinnahmen sind solche Erträge aufgrund eines Rechtsverhältnisses. Sie sind damit Früchte gemäß § 99 III BGB und Nutzungen im Sinne von § 100 BGB.

IV. Es sind keine Hinweise vorhanden, die auf ein **Erlöschen** des Anspruchs schließen lassen.

V. Schließlich ist der Anspruch der B auch **durchsetzbar.** Es sind keine Einreden erkennbar. Insbesondere kann D sich nicht auf ein Zurückbehaltungsrecht gemäß § 1000 S. 1 BGB berufen. Dies ergibt sich aus dem Wortlaut der Vorschrift, die nur auf Herausgabeansprüche zugeschnitten ist.

VI. Damit kann B von D die Herausgabe der Mieteinnahmen aus §§ 990 I 1, 987 I BGB verlangen.

▶ **Literatur**
📖 Skript „Einführung in das Sachenrecht 1", Lektionen 2,4,5
📖 Kindl, **JA** 1996, 23 (§ 985 BGB – Grundlagen)
📖 Schreiber, **Jura** 1992, 356 ff. (EBV - Grundfälle)
📖 Roth, **JuS** 1997, 518 ff. (EBV - Grundfälle)
📖 Kindl, **JA** 1996, 201 (Verwendungen – Grundlagen)

Fall 7: Dampfbad oder Auto? Teil IV

▶ **Standort:** Eigentümer-Besitzer-Verhältnis, §§ 987 ff. BGB; Schadensersatz nach §§ 989, 990 I BGB

Die B-Bank fordert von D die Herausgabe des PKW (vgl. Fall 6). Zwei Wochen später kommt es zu einem Unfall, bei dem das Auto einen Totalschaden erleidet. D war bei Regenwetter mit überhöhter Geschwindigkeit von der Straße abgekommen und hatte sich mit dem Auto überschlagen. D erklärt der B nun, dass er den PKW nicht herausgeben könne. Kann B Schadensersatz fordern?

A. Anspruch der B gegen D auf Schadensersatz aus §§ 990 I 1, 989 BGB
I. Vorliegen eines Eigentümer-Besitzer-Verhältnisses zum Zeitpunkt der Zerstörung (+)
II. Bösgläubigkeit des D beim Besitzerwerb (+)
III. Untergang des PKW (+)
IV. Verschulden des D: Fahrlässigkeit (+)
V. Ergebnis: Schadensersatzanspruch nach §§ 990 I 1, 989 BGB (+)
B. Schadensersatzanspruch aus § 823 I BGB (-) → Sperrwirkung des Eigentümer-Besitzer-Verhältnisses (hM)

A. B könnte von D Schadensersatz aus §§ 990 I 1, 989 BGB verlangen.

I. Zum Zeitpunkt der Zerstörung des Wagens war B Eigentümer der Sache und D Besitzer ohne Recht zum Besitz. Also bestand zwischen B und D im maßgeblichen Zeitpunkt ein **Eigentümer-Besitzer-Verhältnis.**

II. Bösgläubig ist, wer bei Besitzerwerb den Mangel seines Besitzrechts kennt oder grobfahrlässig nicht kennt. Beim Besitzerwerb handelte D grobfahrlässig (vgl. Fall 5). Bösgläubigkeit des D ist also gegeben.

III. Der PKW ist beim Unfall zerstört worden und damit **untergegangen.**

IV. „Verschulden" gemäß § 989 ist im Sinne von § 276 zu verstehen. Erfasst ist also jedes vorsätzliche oder fahrlässige Verhalten. Der Untergang der Sache war dadurch bedingt, dass D bei Regenwetter mit überhöhter Geschwindigkeit fuhr. D hat also die im Verkehr erforderliche Sorgfalt außer Acht gelassen. Damit handelte er fahrlässig im Sinne des § 276 II BGB.

V. Folglich hat B gegen D einen Anspruch auf Schadensersatz gemäß §§ 990 I 1, 989 BGB.

B. B könnte gegen D einen Anspruch auf Schadensersatz aus § 823 I BGB haben.

1. Die Voraussetzungen für einen solchen Schadensersatzanspruch liegen vor. Allerdings ist vorliegend ein Eigentümer-Besitzer-Verhältnis gegeben. Nach **hM** verdrängt ein vorliegendes Eigentümer-Besitzer-Verhältnis grundsätzlich die Ansprüche aus § 823 I, II BGB (sog. **Sperrwirkung des Eigentümer-Besitzer-Verhältnisses**). Dies lässt sich aus einem Umkehrschluss aus den §§ 992, 993 I, 2. HS BGB entnehmen. Danach haftet D vorliegend nicht aus § 823 I BGB.

2. Von einer **Mindermeinung** wird vorgeschlagen, dass ein *bösgläubiger Besitzer* ausnahmsweise unmittelbar nach § 823 I, II haften solle. Nach dieser Ansicht haftet der bösgläubige D unmittelbar aus § 823 I BGB.

3. Stellungnahme: Für eine Haftung direkt aus § 823 I BGB spricht, dass der bösgläubige Besitzer nicht schutzwürdig ist. Dagegen spricht jedoch der Wortlaut des § 993 I, 2. Hs. und die Ausnahmevorschrift des § 992. Daher ist mit der h.M. eine unmittelbare Anwendung des § 823 I, II auf den bösgläubigen Besitzer abzulehnen. D haftet also nicht direkt aus § 823 I BGB.

▶ **Literatur**
📖 Skript „Einführung in das Sachenrecht 1", Lektionen 2, 3
📖 Kindl, **JA** 1996, 23 (§ 985 BGB – Grundlagen)
📖 Schreiber, **Jura** 1992, 356 ff. (EBV - Grundfälle)
📖 Roth, **JuS** 1997, 518 ff. (EBV - Grundfälle)

Fall 8: Hoch gestapelt

▶ **Standort:** Gutgläubiger Erwerb gemäß §§ 929 S. 1, 930, 933 BGB; gutgläubiger Erwerb nach §§ 929 S. 1, 931, 934 BGB

Der Spediteur S kauft bei dem Nutzfahrzeughändler H einen Gabelstapler. Da die Geschäfte des S momentan nicht sehr einträglich sind, nutzt S die von H stark beworbene Sonderaktion und vereinbart Ratenzahlung. Im Gegenzug wird ein Eigentumsvorbehalt des H vereinbart.

Einige Zeit später muss S eine neue Hebebühne für die speditionseigene Werkstatt kaufen. Um das Geld für diese Anschaffung zu bekommen, nimmt er einen Kredit bei der K-Bank auf. Da die Geschäfte weiterhin schlecht laufen, verlangt die K von S Sicherheiten. K und S vereinbaren deshalb, dass der Gabelstapler zur Sicherheit an K übereignet wird. Der S soll den Stapler jedoch behalten dürfen, um damit Geld verdienen zu können.

Bei der Transaktion hat der S der K jedoch verschwiegen, dass er den Gabelstapler unter Eigentumsvorbehalt gekauft und noch nicht alle Kaufpreisraten gezahlt hat. Als S nunmehr die Ratenzahlungen für den Kredit nicht mehr aufbringen kann, verkauft die K den Gabelstapler an den Spediteur D. Die Übereignung erfolgt durch Abtretung des Herausgabeanspruchs gegen S. D verlangt nun die Herausgabe des Gabelstaplers von S. Zu Recht?

Anspruch des D gegen S auf Herausgabe des Gabelstaplers aus § 985 BGB
A. S = Besitzer (+)
B. D = Eigentümer?
I. Ursprünglicher Eigentümer: H
II. Eigentumserwerb des S nach § 929 S. 1 BGB?
1. Einigung → hier: Eigentumsvorbehalt iSd § 449 BGB: aufschiebende
    Bedingung der vollst. Kaufpreiszahlung, bedingte Einigung
    (§§ 929 S.1, 158 I BGB); Kaufpreis noch nicht vollständig gezahlt
    → Bedingungseintritt (-) → keine Einigung
2. Zwischenergebnis: Kein Eigentumserwerb nach § 929 S. 1 BGB
III. Eigentumserwerb der K-Bank nach §§ 929 S. 1, 930 BGB
1. Einigung (+)

2. Übergabe iSd § 929 S. 1 BGB (-)
3. Ersetzung der Übergabe durch Surrogat, § 930 BGB (+)
4. Berechtigung des S (-)
5. Zwischenergebnis: Kein Eigentumserwerb der K-Bank
IV. Gutgläub. Eigentumserwerb der K nach §§ 929 S. 1, 930, 933 BGB (-)
V. Eigentumserwerb des D nach §§ 929 S. 1, 931 BGB
1. Einigung (+)
2. Übergabe (-)
3. Besitzkonstitut, § 931 BGB (+)
4. Berechtigung der K (-)
5. Zwischenergebnis: Kein Eigentumserwerb des D
VI. Gutgläubiger Eigentumserwerb des D nach §§ 929 S. 1, 931, 934 BGB
1. Voraussetzungen §§ 929 S. 1, 931 BGB (bis auf Berechtigung) (+)
2. Mittelbarer Besitz der K (+)
3. Nebenbesitz?
4. Zwischenergebnis: Gutgl. Erwerb des D, §§ 929 S. 1, 931, 934 BGB (+)
5. Teleologische Reduktion des § 934, 1. Alt.?
VII. D = Eigentümer des Gabelstaplers (+)
C. Kein Recht zum Besitz des S gemäß § 986 BGB (+)
D. Anspruch auf Herausgabe aus § 985 BGB (+)

D könnte von S die Herausgabe des Gabelstaplers gemäß § 985 BGB verlangen.

A. Laut Sachverhalt ist S der **Besitzer** (§ 854 I BGB) des Staplers.

B. Weiterhin muss D der **Eigentümer** des Staplers sein.

I. Ursprünglich war H Eigentümer.

II. S könnte aber das Eigentum nach **§ 929 S. 1 BGB** erworben haben.

1. H und S müssten sich über den Eigentumsübergang wirksam **geeinigt** haben. Hier haben die beiden sich auf schuldrechtlicher Ebene über einen Kauf unter Eigentumsvorbehalt (§ 449 BGB) geeinigt. Nach dieser Auslegungsregel soll auf dinglicher Ebene das Eigentum erst nach der vollständigen Zahlung des Kaufpreises auf S übergehen.

Damit liegt eine aufschiebend bedingte Einigung im Sinne des § 158 I BGB vor.

Da S den Kaufpreis noch nicht vollständig gezahlt hat, ist die vereinbarte Bedingung noch nicht eingetreten. Damit liegt keine wirksame Einigung nach § 929 S. 1 BGB vor.

2. Also scheidet ein Eigentumserwerb des S nach § 929 S. 1 BGB aus.

III. Die K könnte das Eigentum am Gabelstapler von S gemäß **§§ 929 S.1, 930 BGB** erworben haben.

1. K und S haben sich über den Eigentumsübergang **geeinigt.**

2. Eine **Übergabe** im Sinne des § 929 S. 1 BGB ist nicht gegeben. S ist nämlich im Besitz des Staplers geblieben.

3. Die Übergabe könnte aber durch das **Surrogat nach § 930 BGB ersetzt** worden sein. Hierfür müssten K und S ein Besitzmittlungsverhältnis gemäß § 868 BGB vereinbart haben. Hier haben beide eine Sicherungsabrede getroffen. Eine solche ist als Besitzmittlungsverhältnis anerkannt. Damit ist die Übergabe gemäß § 930 BGB ersetzt worden.

4. Da S aber nicht Eigentümer des Staplers ist (s.o.) und eine Ermächtigung nach § 185 BGB nicht vorliegt, war er zur Übertragung des Eigentums **nicht berechtigt.**

5. Damit hat die K kein Eigentum gemäß §§ 929 S. 1, 930 BGB erworben.

IV. Es kommt aber ein **gutgläubiger Eigentumserwerb** der K gemäß §§ 929 S. 1, 930, 933 BGB in Betracht. Hierfür ist erforderlich, dass der K gemäß § 933 BGB der Stapler *übergeben* wurde. Dieses ist hier aber nicht geschehen, S ist in seinem Besitz geblieben. Damit scheidet ein gutgläubiger

Eigentumserwerb der K nach §§ 929 S. 1, 930, 933 BGB aus.

V. Es könnte jedoch sein, dass D von K das Eigentum nach § 929 S. 1 BGB erworben hat.

1. Eine **Einigung** über den Eigentumsübergang liegt vor.

2. Es fehlt aber an der **Übergabe**, da der Stapler die ganze Zeit im Besitz des S geblieben ist.

3. Da die K aber ihren Herausgabeanspruch gegen S an D abgetreten hat, wurde die **Übergabe** nach § 931 BGB ersetzt.

4. Die K ist jedoch nicht Eigentümerin des Staplers, sie ist auch nicht von H gemäß § 185 BGB zur Veräußerung ermächtigt worden. Damit fehlt es an der **Berechtigung** der K.

5. Damit hat D kein Eigentum nach §§ 929 S. 1, 931 BGB erworben.

VI. Es kommt allerdings ein **gutgläubiger Eigentumserwerb** des D nach §§ 929 S. 1, 931, 934 BGB in Betracht.

1. Die Voraussetzungen der §§ 929 S. 1, 931, 934 BGB liegen bis auf die Berechtigung der K vor.

2. Vorliegend hat D den Besitz an dem Stapler nicht erlangt. Wie bereits dargestellt, befand sich das Gerät die ganze Zeit bei S. Damit scheidet ein gutgläubiger Erwerb nach § 934, 2. Alt. BGB aus. Daher kommt nur noch ein **gutgläubiger Eigentumserwerb des D gemäß § 934, 1. Alt. BGB** in Betracht. Somit könnte D gutgläubig Eigentümer geworden sein, wenn die K mittelbare Besitzerin des Staplers gewesen ist. Die schuldrechtliche Sicherungsvereinbarung stellt i. d. R. bereits ein ausreichendes Besitzmittlungsverhältnis dar, wenn sich aus ihr ergibt, dass der Sicherungsgeber die

Sache solange weiterbesitzen darf, bis der Sicherungsnehmer die Sache zur Befriedigung herausverlangt.

Problematisch könnte aber sein, dass keine Übereignung von S an die K vorliegt (s.o.). Das zwischen S und K vereinbarte Besitzmittlungsverhältnis könnte gegenstandslos sein, wenn man i. S. v. § 139 BGB eine Geschäftseinheit von Übereignung und Besitzkonstitut bejaht. In diesem Fall wäre K nicht mittelbare Besitzerin gewesen.

Gegen eine Annahme der Unwirksamkeit der Sicherungsabrede spricht schon das Trennungs- und Abstraktionsprinzip. Der Mangel im Übereignungsgeschäft schlägt nicht automatisch auf die schuldrechtliche Sicherungsvereinbarung durch.

Ferner ergibt sich im Wege der Umdeutung (§ 140) oder durch Auslegung der Willenserklärungen gem. §§ 133, 157 BGB, dass K immerhin ein Anwartschaftsrecht erworben hat. Bei Kenntnis der Unwirksamkeit hätten S und K zumindest eine Übertragung des Anwartschaftsrechts des S aus seinem Eigentumsvorbehaltskauf mit H (§§ 929 S. 1, 158 I BGB) auf K gewollt. Damit ist das zwischen K und S vorliegende Besitzmittlungsverhältnis auch aus diesem Grund nicht gegenstandslos, so dass K mittelbare Besitzerin ist.

3. Der Anwendung des § 934, 1. Alt. BGB könnte jedoch entgegenstehen, dass es sich bei dem Besitz des K womöglich nur um sog. **„Nebenbesitz"** handelt. Unter „Nebenbesitz" versteht man einen gleichstufigen mittelbaren Besitz mehrerer Personen, der auf voneinander unabhängigen Besitzmittlungsverhältnissen zu demselben unmittelbaren Besitzer (hier S) beruht.

Zunächst hatte der Vorbehaltsverkäufer H alleinigen mittelbaren Besitz. Dadurch, dass S später ebenfalls ein Besitzmittlungsverhältnis mit K vereinbarte, stellt sich die Frage, ob nunmehr H und K jeweils mittelbaren Nebenbesitz haben oder ob einer von beiden *alleiniger mittelbarer Besitzer* ist.

Mittelbarer Nebenbesitz reicht für die Anwendbarkeit des § 934, 1. Alt. BGB nicht aus.

a. Nach **einer Ansicht** entsteht mittelbarer Nebenbesitz, wenn der Besitzmittler den Besitz in zweifacher Hinsicht vermittle und sich doppeldeutig verhalte, d. h. wenn er seine besitzrechtliche Beziehung zum bisherigen mittelbaren Besitzer nicht eindeutig aufgebe.

b. Der **h.M.** zufolge manifestiert sich in der Begründung eines neuen Besitzmittlungsverhältnisses die Willensänderung des Besitzmittlers. Er zeige damit, dass er sich von dem bisherigen Oberbesitzer lösen und nur noch für den neuen Oberbesitzer besitzen wolle; demnach sei nur noch der letztere mittelbarer Besitzer.

c. Stellungnahme: Die Rechtsfigur des Nebenbesitzes findet keine Stütze im Gesetz. Ferner kann der Besitzmittler nicht den Willen haben, die Sache gleichzeitig an mehrere Personen herauszugeben. Daher ist der h. M. zu folgen. Somit ist K alleiniger mittelbarer Besitzer geworden und § 934, 1. Alt. demzufolge anwendbar.

4. Damit hat D gutgläubig das Eigentum an dem Stapler nach §§ 929 S. 1, 931, 934, 1. Alt. BGB erworben.

5. Fraglich ist, ob § 934, 1. Alt. **teleologisch reduziert** werden muss, da ein Wertungswiderspruch zwischen § 933 BGB und § 934, 1. Alt. BGB besteht. Denn K konnte nicht vom unmittelbar besitzenden Nichteigentümer S gutgläubig Eigentum durch Übertragung des mittelbaren Besitzes gem. § 933 BGB erlangen. Hingegen konnte D vom mittelbar besitzenden Nichteigentümer K durch Übertragung des mittelbaren Besitzes gutgläubig Eigentum nach § 934, 1. Alt. BGB erwerben.

a. Nach **einer Ansicht** müsste der § 934, 1. Alt. in diesem Fall teleologisch reduziert werden. Denn es erscheint nicht interessengerecht, dass D das Eigentum am Gabelstapler erlangt, obwohl K dem Gabelstapler näher steht als D, beide nur mittelbaren Besitz erlangt haben und der unmittelbare Besitz unverändert bei S bleibt.

b. Die h.M. sieht hierin keinen Wertungswiderspruch, da das Gesetz von der Gleichstellung des mittelbaren mit dem unmittelbaren Besitz ausgehe. Ferner verliere der Veräußerer bei der Übertragung gem. § 934, 1. Alt. BGB jedwede besitzrechtliche Position an der Sache, während der Veräußerer im Wege des § 933 BGB Besitzer der Sache bleibe.

c. Stellungnahme: Bei § 934, 1. Alt. BGB behält der Veräußerer keinen Besitzrest, so dass der h. M. zuzustimmen ist. § 934, 1. Alt. BGB ist somit nicht teleologisch zu reduzieren.

VII. Somit ist D Eigentümer.

C. Schließlich hat S **kein Recht zum Besitz** nach **§ 986 I BGB.** Der Kaufvertrag wirkt nur im Verhältnis zu H. Die Sicherungsabrede hingegen gilt nur in Beziehung zur K. Selbst wenn diese Sicherungsabrede mit der Abtretung der Forderung auf D übergegangen wäre, würde sie kein Recht zum Besitz mehr darstellen. Da S die Raten nicht gezahlt hat, ist der Sicherungsfall eingetreten, so dass K bzw. D das Eigentum verwerten durften.

D. Damit kann D von S die Herausgabe des Gabelstaplers nach § 985 BGB verlangen.

▶ **Literatur**
📖 Skript „Einführung in das Sachenrecht 1", Lektion 10
📖 Früh, **JuS** 1995, 221 (Eigentum und Besitz)

Fall 9: Ja wie denn nun?

> ▶ **Standort:** Entstehung und Übertragung eines Anwartschafts-
rechts

V verkauft dem K einen PKW. Es wird Ratenzahlung vereinbart. Im Gegenzug soll K das Eigentum an dem Fahrzeug
erst mit Zahlung der letzten Kaufpreisrate erwerben. K zahlt
in der folgenden Zeit ordnungsgemäß die Kaufpreisraten.
Als K nur noch zwei Raten zu zahlen hat, tritt G an ihn heran
und verlangt die Rückzahlung eines Kredits, den er ihm vor
längerer Zeit bewilligt und mehrmals gestundet hat.
Da K den ausstehenden Betrag nicht zahlen kann, schlägt
er G folgendes Geschäft vor: G erhält von K den fast ab-
bezahlten Wagen. Wenn K die letzte Rate an V gezahlt hat,
soll dem G das Auto gehören. G ist einverstanden. K
übergibt ihm den Wagen und zahlt weiter die Kaufpreisraten
an V, welcher von dem „Geschäft" zwischen K und G keine
Ahnung hat. Als K die letzte Rate bezahlt hat, verlangt G
von V die Herausgabe des Kfz-Briefs an sich. V ist verwirrt
und möchte wissen, ob er dem G tatsächlich den
Fahrzeugbrief herausgeben muss.

Anspruch des G gegen V auf Herausgabe des Briefs aus § 985 BGB
A. Besitz des V (+)
B. Eigentum des G aus § 952 BGB analog
I. Eigentum des G am PKW
1. Ursprüngliches Eigentum: V
2. Eigentumserwerb des G durch Übereignung K an G
a. § 929 S. 1 BGB (-)
b. §§ 929 S. 1, 932 I 1 BGB (-) → G war nicht gutgläubig
3. Eigentumserwerb des G durch Bedingungseintritt des Eigentumsvor-
behaltes
a. Entstehung Anwartschaftsrecht
aa. Bedingte Einigung (+)
bb. Übergabe des PKW (+)
cc. Berechtigung des V (+) → Eigentümer
dd. Möglichkeit des Bedingungseintritts (+)
ee. Anwartschaftsrecht des K (+)
b. Erwerb des Anwartschaftsrechts durch G, § 929 S. 1 BGB analog
aa. Analoge Anwendbarkeit der §§ 929 ff. BGB (hM) → (+)
bb. Einigung über Übergang des AWR (+)

42

cc. Übergabe des PKW (+)
dd. Berechtigung des K (+) → Inhaber AWR
ee. Möglichkeit des Bedingungseintritts (+)
ff. Zwischenergebnis: Erwerb des AWR durch G (+)
c. Bedingungseintritt (+) → Kaufpreis vollständig bezahlt
4. Zwischenergebnis: Eigentumserwerb des G am PKW (+)
II. Konsequenz: Eigentum des G am Kfz-Brief, § 952 BGB analog (+)
C. Kein Recht zum Besitz des V, § 986 BGB (+)
D. Ergebnis: Herausgabeanspruch des G gegen V aus § 985 BGB (+)

G könnte von V die Herausgabe des Kfz-Briefs nach § 985 BGB verlangen.

A. V ist im **Besitz** (§ 854 I BGB) des Kfz-Briefs.

B. G müsste **Eigentümer** des Briefs sein. Vorliegend könnte sich seine Eigentümerposition aus § 952 II BGB analog ergeben. Nach hM wird diese Vorschrift analog auf Kfz-Briefe angewendet, wobei das Fahrzeug an die Stelle der Forderung tritt.
I. Das bedeutet, dass G Eigentümer des Briefs ist, wenn er Eigentümer des Kfz ist.

1. Ursprünglich war V Eigentümer des PKW.

2. Es könnte aber sein, dass G das Eigentum von K erworben hat.

a. Ein Eigentumserwerb des G nach § 929 S. 1 BGB scheidet aus. Da K zum Zeitpunkt der Besitzübertragung noch nicht alle Kaufpreisraten gezahlt hatte, ist die Bedingung für den Eigentumsübergang (§ 158 I) noch nicht eingetreten. Daher war er noch nicht Eigentümer, so dass er mangels anderweitiger herrührender Verfügungsbefugnis zur Eigentumsübertragung **nicht berechtigt** war.

b. Auch scheidet ein gutgläubiger Eigentumserwerb nach §§ 929 S. 1, 932 I 1 BGB aus. Schließlich hatte K ihm erzählt, dass der Wagen ihm noch nicht gehört, womit G nicht gutgläubig war.

3. G könnte jedoch das Eigentum erworben haben, als K die letzte Kaufpreisrate zahlte und damit die Bedingung für den Eigentumserwerb eintrat. Dies wäre dann der Fall, wenn ein Anwartschaftsrecht des K entstanden ist, dieses auf den G übertragen wurde und bei ihm zum Vollrecht erstarkte.

a. Es müsste ein **Anwartschaftsrecht** des K entstanden sein.

aa. Da K und V einen Eigentumsvorbehalt vereinbart haben, liegt sachenrechtlich gesehen eine aufschiebend bedingte Einigung im Sinne des § 158 I BGB vor.

bb. Auch wurde der PKW an den K **übergeben.**

cc. Wegen seiner Eigentümerstellung war V auch **Berechtigter.**

dd. Weiterhin besteht noch die Möglichkeit, dass die Bedingung (vollständige Kaufpreizahlung) eintreten kann. Die Kaufpreisforderung bestand noch, es sind keine Anhaltspunkte für eine Unwirksamkeit des Kaufvertrages ersichtlich.

ee. Damit bestand ein Anwartschaftsrecht des K.

b. Dieses Anwartschaftsrecht müsste er **auf den G übertragen** haben.

aa. Dabei geschieht die Übertragung eines Anwartschaftsrechts nach hM wegen des Publizitätsgrundsatzes nach den Vorschriften der §§ 929 ff. BGB analog. Danach sind die Einigung, Übergabe, Berechtigung sowie die Möglichkeit des Bedingungseintritts erforderlich.

bb. Die Einigung zwischen K und G lässt sich nach §§ 133, 157 BGB dahingehend auslegen, dass zumindest das Anwartschaftsrecht an dem PKW auf G übergehen sollte.

cc. Ferner wurde das Fahrzeug an G **übergeben.**

44

dd. Da er Inhaber des Anwartschaftsrechts war, war K auch zu dessen Übertragung **berechtigt.**

ee. Schließlich war auch noch der Bedingungseintritt – nämlich die vollständige Zahlung des Kaufpreises – möglich. Die Kaufpreisforderung bestand und konnte auch noch erfüllt werden.

ff. Damit hat G das Anwartschaftsrecht am PKW von K erworben.

c. Als K die letzte Rate des Kaufpreises gezahlt hatte, ist die **Bedingung eingetreten.** Das Anwartschaftsrecht ist damit unmittelbar bei seinem Inhaber zum Vollrecht – dem Eigentum – erstarkt.

2. Damit hat G das Eigentum am PKW erworben (Direkterwerb).

II. Die Konsequenz hiervon ist, dass G gemäß § 952 II BGB analog auch Eigentümer des Kfz-Briefs geworden ist.

C. V kann gegenüber G **kein Recht zum Besitz** im Sinne von § 986 I BGB hinsichtlich des Kfz-Briefs geltend machen.

D. Damit kann G von V die Herausgabe des Kfz-Briefs gemäß § 985 BGB verlangen.

▶ **Literatur**
📖 Skript „Einführung in das Sachenrecht 1", Lektion 12
📖 Haas, **JA** 1998, 23 ff. (Anwartschaftsrecht)
📖 Hoffmann, **Jura** 1995, 457 (Eigentumsvorbehalt)

Fall 10: Ja wie denn nun? - Abwandlung

▶ **Standort:** Anwartschaftsrecht; gutgläubiger Zweiterwerb eines Anwartschaftsrechts

Wie im Ausgangsfall (Fall 9). V tritt jedoch vom Kaufvertrag mit K zurück, bevor dieser den PKW an G übergibt. Grund für den Rücktritt war die laxe Zahlungsmoral des K. Kann G die Herausgabe des Kfz-Briefs von V verlangen, nachdem K die letzte Rate gezahlt hat?

Anspruch des G gegen V auf Herausgabe des Briefs aus § 985 BGB
A. Besitz des V (+)
B. Eigentum des G aus § 952 BGB analog
I. Eigentum des G am PKW
1. Ursprünglicher Eigentümer: V
2. Eigentumserwerb des G durch Übereignung K an G
a. § 929 S. 1 BGB (-)
b. §§ 929 S. 1, 932 I 1 BGB (-)
3. Eigentumserwerb des G durch Bedingungseintritt des Eigentums-
   vorbehaltes
a. Entstehung Anwartschaftsrecht bei K
aa. Bedingte Einigung (+)
bb. Übergabe des PKW (+)
cc. Berechtigung des V (+)
dd. Möglichkeit des Bedingungseintritts (-) → Rücktritt vom KV
ee. Anwartschaftsrecht des K (-)
b. Übertragung des Anwartschaftsrechts nach § 929 S. 1 BGB analog (-)
c. Gutgläubiger Erwerb des AWR durch G nach §§ 929 S. 1, 932 I 1 BGB
   analog
aa. Anwendbarkeit §§ 932 ff. BGB analog (+)
bb. Bestehendes AWR (-)
cc. Gutgl. Erwerb des AWR gem. §§ 929 S. 1, 932 I 1 BGB analog (-)
4. G ist nicht Eigentümer des PKW geworden
II. Eigentum des G am Kfz-Brief, § 952 BGB analog (-)
C. Ergebnis: Herausgabeanspruch des G gegen V aus § 985 BGB (-)

Auch hier kommt ein Herausgabeanspruch des G gegen V aus § 985 BGB in Betracht.

A. V ist **Besitzer** (§ 854 I BGB) des Fahrzeugbriefs.

B. Weiterhin muss G der **Eigentümer** des Kfz-Briefs sein. Dieses wäre dann analog § 952 II BGB der Fall, wenn er Eigentümer des Fahrzeugs ist (siehe Ausgangsfall).

I. G müsste **Eigentümer** des Wagens sein.

1. Ursprünglich war V der Eigentümer des Autos.

2. Zu fragen ist wiederum, ob G durch die Veräußerung des Autos durch K Eigentümer des Kfz wurde.

a. Ein **Eigentumserwerb** gemäß § 929 S. 1 BGB scheidet aus. K war zum Zeitpunkt der Besitzübertragung nicht Eigentümer und insgesamt zur Veräußerung nicht berechtigt (vgl. hierzu den Ausgangsfall).

b. Auch scheidet ein **gutgläubiger Eigentumserwerb** nach §§ 929 S. 1, 932 I 1 BGB aus. G wusste nämlich (positive Kenntnis), dass das Auto nicht dem K gehörte.

3. Möglich ist aber, dass G Eigentümer des Autos wurde, als K an V die letzte Kaufpreisrate zahlte. Durch diese Zahlung tritt nämlich die im Eigentumsvorbehalt vereinbarte aufschiebende Bedingung für den Eigentumsübergang ein. G wäre dann Eigentümer geworden, wenn ein Anwartschaftsrecht des K bestanden hätte, dieses wirksam auf G übertragen wurde und bei ihm zum Vollrecht erstarkte.
a. Es müsste ein **Anwartschaftsrecht** des K an dem Auto entstanden sein.

aa. Zwischen V und K liegt eine aufschiebend bedingte **Einigung** im Sinne eines schuld- und sachenrechtlich konditionierten Eigentumsvorbehalts vor. Es wurde vereinbart, dass K erst mit der vollständigen Zahlung des Kaufpreises Eigentümer des Autos werden soll.

bb. Auch fand eine **Übergabe** des Autos statt.

cc. Als Eigentümer des Autos ohne Verfügungsbeschränkungen war V auch **berechtigt,** das Eigentum an ihm zu übertragen.

dd. Weiterhin muss die vereinbarte **Bedingung** für den Eigentumsübergang (hier die vollständige Kaufpreiszahlung) auch **eintreten** können. Hier ist V jedoch vom Kaufvertrag zurückgetreten. Die Folge hiervon ist, dass gemäß § 346 I BGB die Hauptpflichten der Vertragspartien erlöschen und das Vertragsverhältnis sich in ein Abwicklungsschuldverhältnis umwandelt. Damit besteht keine Kaufpreisforderung mehr, die K durch Ratenzahlungen zum Erlöschen bringen könnte. Der Eintritt der Bedingung für den Eigentumserwerb ist damit nicht (mehr) möglich.

ee. Damit besteht kein Anwartschaftsrecht des K an dem Fahrzeug.

b. Da ein Anwartschaftsrecht des K nicht besteht, kann G ein solches auch nicht gemäß § 929 S. 1 BGB analog erworben haben.

c. Es könnte aber ein **gutgläubiger Erwerb** des Anwartschaftsrechtes durch G gemäß §§ 929 S. 1, 932 I 1 BGB analog in Betracht kommen.

aa. Nach hM sind neben den §§ 929 ff. BGB auch die Vorschriften über den gutgläubigen Erwerb analog auf das Anwartschaftsrecht anwendbar.

bb. Ein gutgläubiger Erwerb ist nach allgemeiner Meinung allerdings nur an einem **bestehenden Anwartschaftsrecht** möglich. Ein nichtbestehendes Anwartschaftsrecht könne hingegen schon begrifflich nicht übertragen werden. Der gutgläubige Erwerb helfe nur über die fehlende Berechtigung hinweg, nicht über die fehlende Existenz. Wie bereits festgestellt wurde, besteht im vorliegenden Fall aber kein Anwartschaftsrecht des K, da der Bedingungseintritt nicht mehr möglich ist (s.o.).

cc. Damit scheidet ein gutgläubiger Erwerb eines Anwartschaftsrechts durch G analog §§ 929 S.1, 932 I 1 BGB aus.

4. Die Konsequenz hiervon ist, dass G nicht Eigentümer des Autos wird, nachdem K die letzte Kaufpreisrate gezahlt hat.

II. Damit ist G dann auch nicht gemäß § 952 II BGB analog Eigentümer des Fahrzeugbriefs geworden.

B. G kann folglich von V nicht die Herausgabe des Fahrzeugbriefs gemäß § 985 BGB verlangen.

▶ **Literatur**
📖 Skript „Einführung in das Sachenrecht 1", Lektion 12
📖 Haas, **JA** 1998, 23 ff. (Anwartschaftsrecht)
📖 Hoffmann, **Jura** 1995, 457 (Eigentumsvorbehalt)

Fall 11: Verflixt und zugenäht

▶ **Standort:** Gesetzlicher Eigentumserwerb, §§ 946 ff. BGB; Verarbeitung, § 950 BGB; Verarbeitungsklausel

Der Stofflieferant A liefert unter Eigentumsvorbehalt an die Näherei N Stoffe im Wert von 100.000 €. N stellt aus diesen Stoffen Maßanzüge für ihr Luxuslabel im Wert von 180.000 € her. Diese Anzüge lagert N in ihrer Lagerhalle ein, welche kurz darauf niederbrennt. Hierbei werden alle Anzüge vernichtet. Nachforschungen der Polizei ergeben, dass das Feuer von E - einem ehemaligen Mitarbeiter der N - gelegt wurde, der sich für seine Entlassung rächen wollte.

A fordert jetzt Schadensersatz für die zerstörten Anzüge. Schließlich gehörte ihm der Stoff und damit die hieraus gefertigten Anzüge noch, da N den Kaufpreis noch nicht vollständig bezahlt habe. Kann A von E Schadensersatz verlangen?

Abwandlung: Wie ist die Rechtslage, wenn A und N vereinbaren, dass sich der Eigentumsvorbehalt des A auch auf die aus dem gelieferten Stoff hergestellten Anzüge erstrecken soll und A auch Eigentümer der Anzüge wird?

Anspruch des A gegen E auf Schadensersatz aus § 823 I BGB?
I. Rechtsgutsverletzung
1. Ursprünglich: Eigentum des A an dem Stoff (+)
2. Eigentumsverlust an N, § 929 S. 1 BGB (-) → wegen Eigentumsvorbehalt aufschiebend bedingte Einigung, noch kein Bedingungseintritt
3. Gesetzlicher Eigentumsverlust nach § 950 II BGB → gesetzlicher Eigentumserwerb der N gemäß § 950 I 1 BGB
a. Herstellung neuer beweglicher Sachen (+)
b. Durch Verarbeitung oder Umbildung (+)
c. Kein erheblich geringerer Wert der Verarbeitung als der Wert des Stoffes (+)
d. Eigentumserwerb der N gemäß § 950 I 1 BGB (+) → Eigentumsverlust des A gemäß § 950 II BGB.
II. Erg.: Kein Schadensersatzanspruch des A gegen E aus § 823 I BGB

Abwandlung

A. Anspruch des A gegen E auf Schadensersatz aus § 823 I BGB
I. Eigentumsverletzung des A
1. Ursprünglich Eigentum des A
2. Eigentumsverlust an N gemäß § 929 S. 1 BGB (-)
3. Eigentumsverlust gemäß § 950 II BGB durch gesetzlichen Eigentumserwerb der N an den Anzügen nach § 950 I 1 BGB
a. Voraussetzungen des § 950 I 1 BGB (+)
b. Ausschluss der Wirkung des § 950 BGB durch Vereinbarung zwischen A und N? Abdingbarkeit des § 950 BGB? umstr. → hier aber: verlängerter Eigentumsvorbehalt in Form d. Erstreckung auf die Fertigware → daher hM: Durchgangserwerb des A: Eigentumserwerb (+)
c. Eigentumsverlust des A gemäß § 950 II, I 1 BGB (-)
4. Eigentumsverletzung (-)
II. Vorsatz des E; Rechtswidrigkeit (+)
III. Kausaler Schaden des A (+)
IV. Schadensersatzanspruch des A gegen E aus § 823 I BGB (+)

B. Schadensersatzanspruch des A gegen E aus § 823 II BGB i.V.m. §§ 303 I, 306 ff. StGB (+)

A könnte gegen E einen Anspruch auf Schadensersatz gemäß § 823 I BGB haben.

I. Hierfür müsste E ein von § 823 I BGB geschütztes Rechtsgut des A verletzt haben. Hier kommt eine Verletzung des **Eigentums** an den aus seinen Stoffen gefertigten Anzügen in Betracht.

1. Ursprünglich war A **Eigentümer** der Stoffe.

2. Dieses Eigentum hat er auch nicht gemäß **§ 929 S. 1 BGB** an die N verloren. Wegen des vereinbarten Eigentumsvorbehalts und dem noch nicht vollständig bezahlten Kaufpreis ist die Bedingung für den Eigentumsübergang gemäß § 158 I noch nicht eingetreten. Damit fehlt es an der Wirksamkeit der Einigung im Sinne von § 929 S. 1 BGB.

3. Es könnte aber ein Eigentumsverlust des A nach **§ 950 II BGB** eingetreten sein. Dies ist der Fall, wenn N an den von ihr gefertigten Anzügen nach § 950 I 1 BGB das Eigentum erworben hat.

a. Mit den Anzügen hat N aus den Stoffen **neue bewegliche Sachen** hergestellt.

b. Diese Herstellung müsste eine **Verarbeitung oder Umbildung** darstellen. Verarbeitung ist dabei die bestimmungsgemäße Schaffung eines Produktes aus einem Rohstoff. Unter Umbildung wird demgegenüber die Herstellung eines Produktes aus einem bereits bestehenden, anderen Produkt verstanden. Hier wurden aus den Stoffen Anzüge gefertigt. Es liegt also die Schaffung von neuen Produkten aus einem Rohstoff und somit eine Verarbeitung vor.

c. Der **Wert dieser Verarbeitung** darf nicht erheblich geringer sein als der Wert des Ausgangsstoffes. Der Wert der Verarbeitung wird dabei aus der Differenz des Wertes der neuen Sache und dem Wert des Ausgangsstoffes bestimmt. Der Wert der Anzüge betrug 180.000 €, der Wert der Stoffe 100.000 €. Damit ist der Wert der Verarbeitung mit 80.000 € anzusetzen.

Nach der **Rechtsprechung** liegt ein erheblich geringerer Wert der Verarbeitung vor, wenn das Verhältnis zum Wert des Ausgangsstoffes 60:100 beträgt. Vorliegend beträgt der Wert der Verarbeitung zum Wert der Stoffe des A jedoch 80:100. Damit liegt kein im Vergleich zum Wert des Ausgangsstoffes erheblich geringerer Wert der Verarbeitung vor.

d. Damit wurde N gemäß § 950 I 1 BGB **Eigentümerin** an den von ihr gefertigten Anzügen. Die Konsequenz hieraus ist, dass A das Eigentum an den Stoffen gemäß § 950 II BGB verloren hat.

II. Ergebnis: Da A nicht Eigentümer der Anzüge ist, liegt keine Rechtsverletzung im Sinne des § 823 I BGB vor. Daher kann A von E keinen Schadensersatz gemäß § 823 I BGB verlangen.

Abwandlung

A. A könnte von E gemäß § 823 I BGB Schadensersatz verlangen.

I. Auch hier kommt als verletztes Rechtsgut das **Eigentum** in Betracht.

1. Ursprünglich war A Eigentümer der Stoffe.

2. Es trat kein rechtsgeschäftlicher Eigentumsverlust an die N gemäß § 929 S. 1 BGB ein (s.o.).

3. Es könnte aber sein, dass A das Eigentum an den Stoffen gemäß **§ 950 II BGB** verloren hat. Dieses wäre der Fall, wenn seitens der N an den Anzügen ein gesetzlicher Eigentumserwerb gemäß § 950 I 1 BGB gegeben wäre.

a. Wie bereits im Ausgangsfall dargestellt, liegen die Voraussetzungen des § 950 I 1 BGB vor.

b. Es könnte allerdings sein, dass A und N die Wirkung des § 950 I 1, II BGB durch die zwischen ihnen getroffene Vereinbarung **ausgeschlossen** haben.

Ob **§ 950 BGB abbedungen** werden kann, ist **umstritten.** Es herrscht Streit über die Zulässigkeit von Vereinbarungen, die bestimmen, wer als Hersteller der neuen Sache anzusehen ist.

Hier liegt jedoch ein *sog. verlängerter Eigentumsvorbehalt* vor, der sich auf die gefertigte Ware erstreckt. Bezüglich dieser Konstellation besteht Streit, ob der Lieferant das Eigentum an den gefertigten Waren *ohne* oder aber *nach* einem Durchgangserwerb des Herstellers für eine juristische Sekunde erwirbt. Da beide Auffassungen jedoch zu dem Ergebnis kommen, dass der Lieferant das Eigentum an den gefertigten Waren erwirbt, muss dieser Streit nicht entschieden werden.

Aufgrund dieses verlängerten Eigentumsvorbehalts haben A und N § 950 BGB wirksam abbedungen.

c. Damit hat N nicht gemäß § 950 I 1 BGB das Eigentum an den von ihr gefertigten Anzügen erworben. Es liegt daher **kein Eigentumsverlust** des A an den Stoffen gemäß § 950 II BGB vor. Aufgrund der Vereinbarung mit N ist A vielmehr Eigentümer der aus seinem Stoff hergestellten Anzüge geworden.

4. Somit liegt mit der Verbrennung der Anzüge eine **Verletzung des Eigentums** des A vor.

II. E handelte rechtswidrig. Ferner hat er hat den Brand in der Lagerhalle **vorsätzlich** und somit **schuldhaft** gelegt.

III. Durch diesen Brand wurden die Anzüge zerstört und dem A ist ein Schaden entstanden.

53

IV. A kann daher von E gemäß § 823 I BGB Schadensersatz verlangen.

B. Daneben hat A gegen E noch einen Schadensersatzanspruch aus §§ 823 II BGB i.V.m. 303 I, 306 I Nr. 3 StGB.

▶ **Literatur**

📖 Skript „Einführung in das Sachenrecht 1", Lektion 11

Fall 12: Verflixt und zugenäht, Teil II

▶ **Standort:** Sicherungsübereignung, § 930 BGB, Freigabeklauseln, Übersicherung

In der Lagerhalle des N, die durch das von E gelegte Feuer zerstört wurde (vgl. Fall 11), befand sich auch ein durch Maschendrahtzaun abgetrennter Teil. Hier hatte die N selbst hergestellte Kaschmirstoffe gelagert, die sie an Schneidereien in aller Welt verkaufte. Die getrennte Lagerung der Stoffe geschah auf Betreiben der K-Bank (K). Diese hatte der N ein Darlehen iHv 100.000 € gewährt. Im Gegenzug übereignete die N zur Sicherheit alle Waren an K, die sich im abgetrennten Bereich befanden. Im Rahmen der Sicherungsabrede wurde ein Verzeichnis angelegt, in welchem der Wert der dort befindlichen Waren mit 300.000 € angegeben wurde. K tritt nun an E heran und verlangt von ihm Schadensersatz in Höhe von 300.000 €. Zu Recht?

Abwandlung

Hat K einen Schadensersatzanspruch gegen E, wenn sich im Lager der N ursprünglich Stoffballen im Wert von 100.000 € befanden und sich danach Stoffballen im Wert von 300.000 € ansammelten?

Schadensersatzanspruch der K gegen E iHv 300.000 € aus § 823 I BGB
A. Rechtsgutsverletzung
I. Ursprüngliches Eigentum der N an den Kaschmirstoffballen
II. Eigentumserwerb der K gemäß §§ 929 S. 1, 930 BGB

1. Einigung über Eigentumsübergang (+)
2. Besitzmittlungsverhältnis iSv § 868 BGB (+)
3. Einigsein (+)
4. Berechtigung der N (+)
5. Zwischenergebnis: Voraussetzungen §§ 929 S. 1, 930 BGB (+)
III. Nichtigkeit der Sicherungsübereignung wegen anfänglicher Übersicherung (+)
IV. Zwischenergebnis: Eigentumserwerb der K (-)
B. Anspruch aus § 823 I BGB (-)

Abwandlung

Schadensersatzanspruch der K gegen E iHv 300.000 € aus § 823 I BGB
A. Rechtsgutsverletzung
I. Voraussetzungen des Eigentumserwerbs der K nach §§ 929 S. 1, 930 BGB (+)
II. Unwirksamkeit der Sicherungsübereignung wegen nachträglicher Übersicherung → Problem: dingliche Freigabeklausel
→ hier aber: Keine Unwirksamkeit
III. K ist Eigentümerin geworden → Eigentumsverletzung (+)
B. Rechtswidrigkeit; Verschulden des E; kausaler Schaden (+)
C. Ergebnis: Schadensersatzanspruch aus § 823 I BGB (+)

K könnte von E möglicherweise Schadensersatz in Höhe von 300.000 € gemäß § 823 I BGB verlangen.

A. Hierfür müsste E ein von § 823 I BGB geschütztes Rechtsgut verletzt haben. Es kommt vorliegend die Verletzung des **Eigentums** der K an den Stoffballen in Betracht.

I. Ursprünglich war N Eigentümerin der Kaschmirballen.

II. Die K könnte aber das Eigentum an den Ballen gemäß §§ 929 S.1, 930 BGB erworben haben.

1. N und K müssten sich über den Eigentumsübergang **geeinigt** haben. Eine solche Einigung liegt vor. Problematisch ist aber, ob diese Einigung dem **Bestimmtheitsgrundsatz** genügt. In dem Lager der N befand sich ein immer wechselnder Bestand an Stoffen. Es wurden Ballen ausgeliefert und im Gegenzug neue Ballen eingelagert. Der sachenrechtliche Bestimmtheitsgrundsatz fordert, dass ein objektiver Dritter allein anhand der Einigung erkennen kann, an welchen konkreten Gegenständen der Eigentumswechsel eintreten soll.

Hier haben N und K vereinbart, dass K das Eigentum an allen Gegenständen, die sich in dem durch den Zaun abgetrennten Teil der Halle befinden, erwerben soll. Allein anhand dieser Einigung kann unproblematisch festgestellt werden, an welchen Gegenständen K das Eigentum erwerben soll. Damit ist der Bestimmtheitsgrundsatz gewahrt, womit eine wirksame Einigung vorliegt.

2. Weiterhin müssten N und K ein **Besitzmittlungsverhältnis** im Sinne von § 868 BGB vereinbart haben. Die zwischen N und K vorliegende *Sicherungsabrede* stellt ein solches Besitzmittlungsverhältnis dar.

3. Ein **Einigsein** ist gegeben.

4. Als Eigentümerin des Stoffs ohne Verfügungsbeschränkung war N zur Verfügung über sie **berechtigt.**

5. Damit liegen die Voraussetzungen der §§ 929 S.1, 930 BGB vor.

III. Die K hatte sich von N Kaschmirstoffe im Wert von 300.000 € übereignen lassen. Das von K an N gewährte Darlehen betrug aber nur 100.000 €.

Es stellt sich daher die Frage, wie sich diese *anfängliche Übersicherung* auf die Wirksamkeit der Sicherungsübereignung auswirkt.

Eine **anfängliche Übersicherung** kann zur Unwirksamkeit der Sicherungsübereignung führen, wenn der Wert des Sicherungsguts die zu sichernde Forderung um das Doppelte, jedenfalls aber um das Dreifache übersteigt. Dann sind sowohl die Übereignung als auch die Sicherungsabrede wegen *Fehleridentität* unwirksam. Dabei ist es unerheblich, ob sich diese Übersicherung aufgrund einer Individualabrede oder wegen AGB ergibt. Bei einer *Individualabrede* folgt die

Unwirksamkeit aus § 138 I BGB, bei *Allgemeinen Geschäftsbedingungen* aus § 307 I, II BGB.

Vorliegend wurde ein Darlehen von 100.000 € mit Sicherungsgut im Wert von 300.000 € abgesichert. Der Wert des Sicherungsguts übersteigt den Wert der Forderung damit um das Dreifache. Sowohl die Sicherungsübereignung als auch die Sicherungsabrede sind damit **unwirksam**.
IV. Damit hat die K kein Eigentum an den Kaschmirballen gemäß §§ 929 S.1, 930 BGB erworben.

B. Da K nicht Eigentümerin der Stoffballen war, konnte E auch kein entsprechendes Eigentum der K verletzen. Daher scheidet ein Schadensersatzanspruch der K aus § 823 I BGB aus.

Abwandlung

Auch hier kommt ein Anspruch der K gegen E auf Zahlung von Schadensersatz in Höhe von 300.000 € aus § 823 I BGB in Betracht.

A. Als verletztes Rechtsgut der K kommt vorliegend wiederum das **Eigentum** an den Stoffballen in Betracht.

I. Die Voraussetzungen eines Eigentumserwerbs der K von N nach §§ 929 S.1, 930 BGB liegen vor (vgl. Ausgangsfall).

II. Auch hier übersteigt der Wert der Sicherungsgüter den Wert der zu sichernden Darlehensforderung. Im Gegensatz zum Ausgangsfall trat diese Übersicherung aber erst *nachträglich* ein.

1. Eine solche **nachträgliche Übersicherung** führte nach der *früheren Rechtsprechung* zur Unwirksamkeit der Sicherungsübereignung, wenn der Wert der Sicherungsgüter den Wert der Forderung um 110 % bis 150 % überstieg. Eine solche Unwirksamkeit trat allerdings nicht ein, wenn eine sog. *dingliche Freigabeklausel* vereinbart wurde. In einer solchen Klausel wurde festgelegt, dass der Sicherungsnehmer nie mehr übereignet bekam, als er als Sicherheit benötigte.

Hier übersteigt der Wert der Sicherungsgüter den Wert der zu sichernden Darlehensforderung um 200 %. Dem Sachverhalt lassen sich keine Hinweise dafür entnehmen, dass zwischen K und N eine dingliche Freigabeklausel vereinbart wurde. Demnach wäre die Sicherungsübereignung unwirksam.

2. Allerdings hat sich die Rechtsprechung inzwischen geändert. Im Rahmen einer ergänzenden Auslegung der Sicherungsabrede wird angenommen, dass stillschweigend eine **schuldrechtliche Freigabeklausel** zwischen den Parteien vereinbart ist. Demnach hat der Schuldner und Sicherungsgeber einen schuldrechtlichen Anspruch auf Freigabe der zuviel übereigneten Waren. Weiterhin berührt die nachträgliche Übersicherung *nicht die Wirksamkeit* der Sicherungsübereignung, diese bleibt also wirksam.

Demnach ist vorliegend die Sicherungsübereignung zwischen K und N nicht wegen der nachträglich eingetretenen Übersicherung unwirksam geworden.

III. Damit ist K Eigentümerin der Stoffballen gemäß §§ 929 S. 1, 930 BGB geworden. Somit liegt eine Eigentumsverletzung an Ks Eigentum durch E im Sinne von § 823 I BGB vor.

B. Die Eigentumsverletzung wurde von E **rechtswidrig** und **vorsätzlich** begangen. Hierdurch ist K ein Schaden entstanden.

C. Folglich kann K von E gemäß § 823 I BGB die Zahlung von Schadensersatz in Höhe von 300.000 € verlangen.

Hinweis: K kann diese Summe nicht in vollem Umfang behalten. Gegenüber der N ist sie aus §§ 280 I, III, 283 BGB zum Schadensersatz verpflichtet. Sie kann nämlich ihre Verpflichtung zur Freigabe der zuviel übereigneten Stoffballen nicht erfüllen.

58

📖 Skript „Einführung in das Sachenrecht 1", Lektion 13

📖 Pöggeler, **JA** 1996, 551 ff. (Sicherungsübereignung – Grundl.)

📖 Klanten, **JA** 1998, 737 (Freigabeklauseln – Grundlagen)

Fall 13: Ganz großes Kino

► **Standort:** Herausgabeanspruch, § 985 BGB; Recht zum Besitz, § 986 BGB; Pfandrecht, §§ 1204 ff. BGB

> B hat bei G ein Darlehen in Höhe von 1.500 € aufgenommen. Um diese Forderung abzusichern, einigen sich B und G darauf, dass B ihm seine Heimkinoanlage als Pfand überlässt. B bringt dem G die Heimkinoanlage noch am selben Tag vorbei. G weiß jedoch nicht, dass B die Anlage unter Eigentumsvorbehalt von W gekauft und gerade erst die erste Kaufpreisrate bezahlt hat. Eine Woche später tritt G seine Forderung gegen B zur Begleichung einer Forderung des X an den X ab. Wiederum eine Woche später meldet sich W bei G und verlangt die Herausgabe der Heimkinoanlage. Kann W von G die Herausgabe der Anlage verlangen?

Anspruch des W gegen G auf Herausgabe der Heimkinoanlage aus § 985 BGB
A. Eigentums des W (+) → Eigentumsvorbehalt
B. Besitz des G an der Anlage (+)
C. Kein Recht zum Besitz des G, § 986 BGB
I. Pfandrecht als Recht zum Besitz
II. Pfandrecht des G an der Heimkinoanlage
1. Entstehung des Pfandrechts, § 1205 I 1 BGB
a. Einigung zwischen G und B (+)
b. Übergabe der Anlage (+)
c. Bestehen der zu sichernden Forderung (+)
d. Einigsein zum Zeitpunkt der Übergabe (+)
e. Berechtigung des B?
aa. B ist nicht Eigentümer, sondern W (s.o.)
bb. Ermächtigung des B, § 185 I BGB (-)
cc. Zwischenergebnis: Berechtigung des B (-)
f. Pfandrecht gemäß § 1205 I 1 BGB (-)
2. Gutgl. Erwerb eines Pfandrechts, §§ 1205 I 1, 1207, 932 I 1 BGB
a. Voraussetzungen § 1205 I 1 BGB bis auf Berechtigung des B (+)
b. Guter Glaube des G, §§ 1207, 932 I 1 BGB (+)

c. Kein Abhandenkommen, §§ 1207, 935 I BGB (+)
3. Zwischenergebnis: Pfandrecht des G an der Anlage (+)
III. Verlust des Pfandrechts gemäß § 1250 I BGB durch Abtretung der
   Forderung an X (+)
IV. Kein Recht zum Besitz des G (+)
D. Ergebnis: Anspruch des W gegen G auf Herausgabe der Anlage aus
   § 985 BGB (+)

W könnte von G nach § 985 BGB die Herausgabe der Heimkinoanlage verlangen.

A. W müsste Eigentümer der Anlage sein. Die im Eigentumsvorbehalt (§§ 929 S. 1, 158 I BGB) vereinbarte aufschiebende Bedingung für den Eigentumserwerb des G (vollständige Kaufpreiszahlung) ist noch nicht eingetreten. Damit ist W Eigentümer der Anlage.

B. Ferner befindet sich G im Besitz der Anlage.

C. Schließlich dürfte G auch kein Recht zum Besitz im Sinne des § 986 BGB gegenüber W geltend machen können.

I. Hier könnte ein Recht zum Besitz in Form **eines Pfandrechts** in Betracht kommen. Ein solches Recht ist ein Recht, das jedermann entgegengehalten werden kann.

II. Es müsste demnach ein **Pfandrecht** des G an der Heimkinoanlage **entstanden** sein.

1. Hierfür müsste das Pfandrecht gemäß § 1205 I 1 BGB wirksam bestellt worden sein.

a. G und B haben sich darüber **geeinigt,** dass an der Anlage ein Pfandrecht zugunsten des B entstehen soll.

b. B hat die Anlage dem G **übergeben.**

c. Die **Darlehensforderung,** die mit der Anlage abgesichert werden soll, besteht noch (Akzessorietät, § 1204!).

d. Zum Zeitpunkt der Übergabe der Anlage an G **wirkte die Einigung** noch fort.

e. Schließlich müsste B **berechtigt** gewesen sein, die Anlage zu verpfänden.

aa. Dieses ist hier problematisch, da nicht der B, sondern W Eigentümer der Anlage ist (s.o.).

bb. B wurde von W **nicht** gemäß § 185 I BGB zur Verfügung über die Anlage **ermächtigt.**

cc. Da auch keine sonstigen Anhaltspunkte für eine Ermächtigung des B gegeben sind, handelte B als Nichtberechtigter.

f. Damit hat G an der Heimkinoanlage kein Pfandrecht gemäß § 1205 I 1 BGB erworben.

2. G könnte aber **gutgläubig** gemäß §§ 1205 I 1, 1207, 932 I 1 BGB ein Pfandrecht erworben haben.

a. Die Voraussetzungen des § 1205 I 1 BGB liegen bis auf die **Berechtigung** des B vor.

b. Es liegen keine Anzeichen dafür vor, dass G beim Besitzerwerb **bösgläubig** im Sinne der §§ 1207, 932 I 1 BGB war.

c. Die Heimkinoanlage ist dem W auch **nicht** im Sinne von §§ 1207, 935 I BGB **abhanden** gekommen, da W den unmittelbaren Besitz an der Sache freiwillig aufgegeben hat.

3. Damit hat G an der Anlage gutgläubig ein Pfandrecht erworben.

III. G hat die Forderung aber gemäß **§ 398 S. 1 BGB** an X **abgetreten.** In diesem Fall geht gemäß § 1250 I BGB das Pfandrecht auf den Erwerber der Forderung (hier also auf X) über.

IV. Damit kann G kein Pfandrecht als Recht zum Besitz im Sinne des § 986 I BGB geltend machen.

D. Folglich hat W gegen G einen Anspruch auf Herausgabe der Heimkinoanlage aus § 985 BGB.

📖 Skript „Einführung in das Sachenrecht 1", Lektionen 1, 14
📖 Kindl, **JA** 1996, 23 (§ 985 BGB – Grundlagen)

Fall 14: Geleast - vermiest

▶ **Standort:** Herausgabeanspruch, § 985 BGB; Recht zum Besitz, § 986 BGB; Gutgläubiger Ersterwerb eines Anwartschaftsrechts

P benötigt dringend einen neuen PC sowie einen neuen Drucker. Da seine finanzielle Situation momentan etwas klamm ist, least er die Geräte beim Leasingunternehmen L. Da P Geld benötigt, verkauft er den Rechner samt Zubehör an den gutgläubigen D. Dabei werden Ratenzahlung (3 Raten) sowie ein Eigentumsvorbehalt des P vereinbart. Als D zwei Raten bezahlt hat, erfährt L vom Verkauf der Geräte. L fordert D zur Herausgabe des Computers und des Druckers auf. Zu Recht?

Anspruch der L gegen D auf Herausgabe der Geräte aus § 985 BGB
A. Eigentum der L am PC und am Drucker?
I. Ursprünglich (+)
II. Eigentumserwerb des D nach § 929 S. 1 BGB → Einigung über Eigentumsübergang (-)
III. Gutgläubiger Eigentumserwerb des D, §§ 929 S. 1, 932 I 1 BGB (-)
IV. Zwischenergebnis: Eigentumserwerb des D (-) → Eigentum der L (+)
B. Besitz des D (+)
C. Kein Recht des D zum Besitz, § 986 BGB?
I. Aus Kaufvertrag (-)
II. AWR = Recht zum Besitz? Umstr. → hM (+)
D. Ergebnis: Herausgabeanspruch der L gegen D aus § 985 BGB (-)

L könnte von D die Herausgabe der Geräte aus § 985 BGB verlangen.

A. Hierfür müsste L Eigentümer des Computers und des Druckers sein.

I. Ursprünglich war L **Eigentümer** der Geräte. Daran ändert auch die Überlassung an den P im Rahmen des Leasingvertrags nichts. Beim Leasing handelt es sich nämlich nach der hM um einen atypischen Mietvertrag, in dessen Rahmen der Leasinggeber nur den Besitz zur Verfügung stellt. Er bleibt Eigentümer der Sache.

II. Es könnte aber sein, dass D das Eigentum an den Geräten nach **§ 929 S. 1 BGB** erworben hat. Ein solcher Eigentumserwerb scheidet hier aber aus. Zum einen haben D und P einen Eigentumsvorbehalt vereinbart. Danach soll das Eigentum erst bei vollständiger Zahlung des Kaufpreises auf D übergehen. D hat aber erst zwei Raten bezahlt, so dass die Bedingung für den Eigentumserwerb noch nicht eingetreten ist. Zum anderen scheitert ein Eigentumserwerb nach § 929 S. 1 BGB an der fehlenden Berechtigung des P. Wie bereits gezeigt, ist L verfügungsberechtigter Eigentümer geblieben.

III. Auch scheidet ein **gutgläubiger Eigentumserwerb** des D gemäß §§ 929 S. 1, 932 I 1 BGB aus. Denn es liegt nur eine bedingte Einigung über den Eigentumsübergang vor und die Bedingung ist noch nicht eingetreten (s.o.).

IV. L hat das Eigentum am Rechner und am Drucker damit nicht an D verloren.

B. D ist **Besitzer** der Geräte.

C. Weiterhin dürfte D **kein Recht zum Besitz** im Sinne des § 986 I 1 Alt. 1 BGB haben.

I. Ein Recht zum Besitz ergibt sich für D nicht aus dem **Kaufvertrag** über die Geräte. Dieser stellt nur gegenüber P, nicht aber gegenüber L ein Recht zum Besitz dar.

II. Aufgrund des Eigentumsvorbehaltskaufs kommt aber ein **Anwartschaftsrecht** an diesen Geräten als Recht zum Besitz in Betracht. P hat zwar an D kein Eigentum an den Geräten übertragen (s. o.). Die Einigung der Parteien ist aber dahingehend auszulegen, dass D zumindest ein Anwartschaftsrecht erwerben sollte, wenn schon die Übertragung des Volleigentums nicht möglich war. Dieses Ergebnis lässt sich auch mit einer Umdeutung gem. § 140 BGB erzielen.

P hat den Computer und den Drucker an D übergeben und beide waren sich einig darüber, dass D bedingt durch die Kaufpreiszahlung Eigentum erlangen sollte. Allerdings war P nicht Eigentümer der Geräte. Jedoch hat D den Besitz von P erlangt, wobei er nichts von der Nichtberechtigung des P wusste, so dass D das Anwartschaftsrecht an den Geräten gem. § 932 BGB gutgläubig erworben hat. Durch Kaufpreiszahlung kann D den noch möglichen Bedingungseintritt herbeiführen. Damit hat D ein Anwartschaftsrecht am Drucker und am Computer erworben.

Dieses könnte D der Firma L aber nur entgegenhalten, wenn es *absolut,* also auch gegenüber Dritten, wirkt. Ob ein Anwartschaftsrecht allerdings ein **absolutes Besitzrecht** darstellen kann, ist umstritten.

1. Nach **einer Auffassung** ist das Anwartschaftsrecht kein absolutes Recht zum Besitz. Dies wird damit begründet, dass das Anwartschaftsrecht gerade *kein dingliches Recht* sei. Vielmehr sei es vom schuldrechtlichen Grundgeschäft des Vorbehaltskaufs abhängig und erlösche, wenn der Eintritt der Bedingung unmöglich werde.

2. Die **hM** dagegen geht davon aus, dass das Anwartschaftsrecht ein Recht zum Besitz darstellt, das gegenüber jedermann wirkt. Dem Anwartschaftsberechtigten sei bereits das Recht zum Besitz und zur Nutzung übertragen worden, das im Eigentum enthalten ist. Außerdem mache ein Anwartschaftsrecht nur Sinn, wenn es den Anwartschaftsberechtigten auch dinglich absichere.

3. Stellungnahme: Das Anwartschaftsrecht stellt ein sog. „wesensgleiches Minus" zum Eigentum dar. Daher ist es konsequent, den Anwartschaftsberechtigten auch dinglich abzusichern und demnach der hM zu folgen.

Damit folgt aus dem Anwartschaftsrecht ein Recht des D zum Besitz im Sinne des § 986 I 1 Alt. 1 BGB.

D. Ein Herausgabeanspruch der Firma L gegen D aus § 985 BGB scheidet folglich aus.

▶ **Literatur**

📖 Skript „Einführung in das Sachenrecht 1", Lektionen 1, 12

📖 Kindl, **JA** 1996, 23 (§ 985 BGB – Grundlagen)

📖 Haas, **JA** 1998, 22 ff. (Anwartschaftsrecht)

Fall 15: Exzessiver Fahrstil

▶ **Standort:** Eigentümer-Besitzer-Verhältnis, §§ 987 ff. BGB; Fremdbesitzerexzess

Der Jurastudent L fliegt während der Semesterferien für 6 Wochen in den Urlaub (Rucksacktour durch Thailand). Während dieser Zeit überlässt er seinem Mitbewohner, dem Lehramtsstudenten M, seinen alten Renault R4, damit dieser damit zum Seminar fahren kann. Außerdem darf M den Wagen für Einkaufstouren und sonstige Besorgungen nutzen. Vorsichtshalber verankert L diese Absprachen in einem Vertrag mit M. Bei dieser Nutzung bleibt es aber nicht: Nach einer Wohnheimparty fährt M mit dem R4 nach Hause. An einer Ampel fühlt er sich von den Blicken des neben ihm in einem Sportwagen sitzenden R provoziert. Der durch den Genuss von zwei Flaschen Rotwein und einigen Bieren etwas impulsiv reagierende M fordert den R zu einem Rennen auf. R nimmt diese Herausforderung an. Als die Ampel Grün zeigt, zieht R mit seinem Wagen davon. M verliert die Kontrolle über den R4, gerät ins Schleudern und prallt gegen einen Laternenpfahl. Das Auto wird völlig zerstört. Welche Ansprüche hat L gegen M?

Abwandlung: Wie ist die Rechtslage, wenn L bei der Überlassung des Autos unerkannt geschäftsunfähig war?

A. Schadensersatzanspruch des L gegen M aus §§ 280 I, III, 283 S. 1 BGB
I. Schuldverhältnis (+)
II. Befreiung des M von der Leistungspflicht, § 275 I BGB (+)
III. Vertretenmüssen (+)
IV. Ergebnis: Schadensersatzanspruch (+)

B. Schadensersatzanspruch des L gegen M aus §§ 989, 990 I 1 BGB
I. Eigentümer-Besitzer-Verhältnis, §§ 985, 986 BGB
1. L = Eigentümer des PKW
2. M = Besitzer
3. Aber: Recht zum Besitz des M, § 986 BGB
4. Eigentümer-Besitzer-Verhältnis (-)
II. Schadensersatzanspruch des L gegen M aus §§ 989, 990 I 1 BGB (-)

C. Schadensersatzanspruch des L gegen M aus § 823 (+) → da kein EBV, Anspruch auch nicht gemäß § 993 I, 2. HS BGB ausgeschlossen

Abwandlung

A. Schadensersatzanspruch des L gegen M aus §§ 280 I, III, 283 S. 1 BGB (-) → Leihvertrag wegen Geschäftsunfähigkeit des L nichtig

B. Schadensersatzanspruch aus §§ 989, 990 I 1 BGB
I. EBV (+)
II. Bösgläubigkeit des M, § 932 II BGB analog (-)
III. Schadensersatzanspruch des L gegen M aus §§ 989, 990 I 1 BGB (-)

C. Schadensersatzanspruch aus § 823 BGB
I. Ausschluss der Anwendbarkeit des § 823 I BGB gemäß § 993 I, 2. HS
1. Vindikationslage (EBV) (+)
2. M = redlicher und unverklagter Besitzer
3. Ausnahme: Fremdbesitzerexzess
II. Voraussetzungen § 823 I (+)

A. L könnte gegen M einen Anspruch auf Schadensersatz gemäß §§ 280 I, III, 283 S. 1 BGB haben.

I. Es müsste ein Schuldverhältnis gemäß § 280 I vorliegen. Die Abrede zwischen L und M über die unentgeltliche Nutzung des PKW durch M ist als Leihvertrag im Sinne der §§ 598 ff. BGB auszulegen. Zwar könnte in der Leihe unter Freunden auch ein *Gefälligkeitsverhältnis* ohne vertraglichen Bindungswillen zu sehen sein. L und M haben laut Sachverhalt jedoch einen schriftlichen Vertrag geschlossen. Ein **Schuldverhältnis** liegt damit vor.

II. Durch die völlige Zerstörung des Autos ist dem M die Rückgabe, die er nach § 604 I BGB schuldet, nicht mehr möglich. Es liegt vielmehr **Unmöglichkeit** gemäß § 275 I, 2. Alt. BGB (objektive Unmöglichkeit) vor.

III. Das **Verschulden** des M wird gemäß § 280 I 2 BGB **vermutet.** Eine **Exkulpation** kann hier nicht gelingen.

IV. L hat damit gegen M einen Schadensersatzanspruch aus §§ 280 I, III, 283 S. 1 BGB.

B. Weiterhin könnte L gegen M ein Schadensersatzanspruch aus §§ 989, 990 I 1 BGB zustehen.

I. Hierfür müsste zum Zeitpunkt des schädigenden Ereignisses ein **Eigentümer-Besitzer-Verhältnis** im Sinne der §§ 985, 986 BGB vorgelegen haben.

1. L war **Eigentümer** des PKW.

2. M war **Besitzer** des PKW.

3. Schließlich dürfte M **kein Recht zum Besitz** im Sinne des § 986 I 1 BGB gehabt haben. Hier ist M aber aufgrund des Leihvertrags der Besitz des Autos von L gestattet worden, so dass ein Recht zum Besitz vorliegt. Auch etwaige Überschreitungen des Besitzrechts lassen es nicht völlig entfallen.

4. Somit fehlt es an einem Eigentümer-Besitzer-Verhältnis zwischen L und M.

II. Ein Anspruch auf Schadensersatz des L gegen M aus §§ 989, 990 I 1 BGB scheidet folglich aus.

C. Schließlich hat L gegen M womöglich noch einen Anspruch auf Schadensersatz gemäß § 823 I BGB.

Da - wie bereits geprüft - *kein Eigentümer-Besitzer-Verhältnis* vorliegt, ist ein solcher Schadensersatzanspruch nicht gemäß § 993 I, 2. HS BGB ausgeschlossen.

M hat im betrunkenen Zustand einen Unfall verursacht und so das Auto (Eigentum) des L rechtswidrig und fahrlässig, also schuldhaft, zerstört. Dadurch ist L ein Schaden entstanden, so dass die Voraussetzungen des § 823 I BGB erfüllt sind.

Abwandlung

A. Ein Schadensersatzanspruch des L gegen M aus §§ 280 I, III, 283 S. 1 BGB scheidet aus.

Wegen der Geschäftsunfähigkeit des L ist der Leihvertrag **gemäß § 105 I BGB nichtig.** Damit fehlt es an dem erforderlichen Schuldverhältnis im Sinn des § 280 I.

B. Es könnte aber sein, dass L gegen M einen Schadensersatzanspruch aus §§ 989, 990 I 1 BGB hat.

I. Wie bereits gezeigt, ist L zum maßgeblichen Zeitpunkt Eigentümer und M Besitzer des Autos. Da der Leihvertrag zwischen L und M unwirksam ist, besteht auch kein Recht zum Besitz des M im Sinne des § 986 BGB. Ein **Eigentümer-Besitzer-Verhältnis** war damit zum Zeitpunkt des schädigenden Ereignisses (Zerstörung des Autos) gegeben.

II. Ferner müsste M hinsichtlich seines Rechts zum Besitz bösgläubig im Sinne von § 932 II BGB analog gewesen sein. Die Geschäftsunfähigkeit des L war nicht erkennbar, es bestanden damit keine Hinweise auf eventuelle Mängel des Leihvertrags. M konnte somit davon ausgehen, dass der Leihvertrag wirksam war. Damit fehlt es an positiver Kenntnis bzw. grober Fahrlässigkeit im Sinne des § 932 II BGB, so dass M **gutgläubig** war.

III. Folglich ist ein Schadensersatzanspruch aus §§ 989, 990 I 1 BGB ausgeschlossen.

C. Ferner könnte L von M Schadensersatz nach § 823 I BGB verlangen.

I. Es stellt sich allerdings die Frage, ob die **Anwendbarkeit des § 823 I BGB** gemäß § 993 I, 2. HS BGB ausgeschlossen ist.

1. Wie geprüft, liegt ein **Eigentümer-Besitzer-Verhältnis** zum Zeitpunkt der schädigenden Handlung vor (s.o.).

2. Auch war M hinsichtlich der Wirksamkeit des Leihvertrags **gutgläubig** (s.o.). Weiterhin war er nicht auf Herausgabe des Autos verklagt worden (§ 989).

Die Ausnahmeregelung des **§ 992 BGB** greift vorliegend nicht ein, da M sich den Besitz am Auto weder durch *verbotene Eigenmacht* noch durch eine *Straftat* verschafft hat.

Damit sind die Voraussetzungen des § 993 I, 2. HS BGB gegeben und der Rückgriff auf das allgemeine Deliktsrecht ist damit an sich verwehrt.

3. Danach müsste M keinen Schadensersatz leisten, obwohl er gegen die Vereinbarung, das Fahrzeug nur für den Weg zum Seminar und Besorgungen zu nutzen, verstoßen und es zu einem (illegalen) Rennen benutzt hat.

Der einzige Grund für diese Privilegierung wäre die Tatsache, dass der Leihvertrag unwirksam ist. Dies erscheint jedoch unbillig, denn bei Wirksamkeit des Vertrags würde eine Haftung des M aus Vertrag sowie aus Delikt bestehen.

M war Fremdbesitzer, da das Auto nur eine Leihgabe war. Er wusste daher, dass er das Auto an L zurückgeben und sich deshalb an die Vereinbarung hinsichtlich der Benutzung halten musste. Insbesondere war ihm auch bewusst, dass er mit dem Auto keine Straßenrennen, erst recht nicht unter Alkoholeinfluss, veranstalten durfte. Das Vorliegen eines

Eigentümer-Besitzer-Verhältnis darf nicht dazu führen, dass ein unberechtigter Besitzer besser steht als ein berechtigter. Die hM löst diesen Wertungswiderspruch, indem sie den **§ 993 I, 2. HS BGB teleologisch reduziert.** Sie sieht den hier vorliegenden Fall des Fremdbesitzerexzesses als eine ungeschriebene Ausnahme zu dieser Vorschrift. Beim Vorliegen eines **Fremdbesitzerexzesses** finden daher die §§ 823 ff. BGB ausnahmsweise direkte Anwendung.

II. Wie bereits dargestellt, sind die Voraussetzungen für einen **Schadensersatzanspruch nach § 823 I BGB** erfüllt. Folglich hat L gegen M einen Schadensersatzanspruch aus § 823 I BGB.

▸ **Literatur**

📖 Skript „Einführung in das Sachenrecht 1", Lektionen 1, 2, 3

📖 Roth, **JuS** 1997, 518 ff. (Eigent.-Besitzer-Verh. – Grundfälle)

Fall 16: Ehrlich währt am längsten ...

▸ **Standort**: Possessorischer Anspruch aus § 861 BGB; Petitorischer Anspruch aus § 1007 BGB

G betreibt eine Fernsehreparaturwerkstatt, in der er auch neue und gebrauchte TV-Geräte verkauft. Eines Morgens kommt A ins Geschäft und teilt dem dort anwesenden Gesellen S mit, dass er einen kleinen und billigen Gebrauchtfernseher suche. S zeigt A einige Geräte. A entdeckt ein Gerät ohne Preisauszeichnung und teilt S mit, dass er dieses kaufen wolle. S sagt, er könne dieses Gerät nicht verkaufen, da es sich um den Fernseher des K handele, der nach der Reparatur an diesen ausgeliefert werden solle. A will dieses Gerät aber unbedingt haben. In einer unbeobachteten Minute mobilisiert er daher seine ganze Muskelkraft und nimmt das Gerät mit. Als G das Gerät an K ausliefern soll, fliegt die Sache auf. G wendet sich an A und verlangt von ihm die Herausgabe des TV-Gerätes. Zu Recht?

A. Anspruch des G gegen A auf Herausgabe des TV-Gerätes aus § 985 BGB (-) → G ist nicht Eigentümer, sondern K

B. Anspruch des G gegen A auf Herausgabe des Gerätes aus § 861 I BGB
I. G war Besitzer des Gerätes
II. Besitzentziehung durch verbotene Eigenmacht, § 858 I BGB (+)
III. Fehlerhafter Besitz des Anspruchsgegners A, § 858 II BGB (+)
IV. Kein Ausschluss nach § 861 II BGB (+)
V. Einhaltung der Frist, § 864 BGB (+)
VI. Zwischenergebnis: Herausgabeanspruch des G gegen S
    aus § 861 I BGB (+)

C. Anspruch des G gegen A auf Herausgabe aus § 1007 I BGB
I. G war früherer Besitzer
II. A ist gegenwärtiger Besitzer
III. Bösgläubigkeit des A (§ 932 II BGB analog) bei Besitzerwerb (+)
IV. Zwischenergebnis: Herausgabeanspruch aus § 1007 I BGB (+)

D. Anspruch des G gegen A auf Herausgabe aus § 1007 II BGB
I. G = früherer Besitzer
II. A = gegenwärtiger Besitzer
III. Abhandenkommen des Gerätes (+) → Verlust durch Besitzdiener
    ausreichend
IV. Kein Ausschluss nach § 1007 III BGB (+)
V. Ergebnis: Herausgabeanspruch aus § 1007 II BGB (+)

E. Anspruch des G gegen A auf Herausgabe aus § 823 I BGB

F. Anspruch des G gegen A auf Herausgabe aus § 823 II, 858 I BGB

A. Ein Herausgabeanspruch des G gegen A aus § 985 BGB scheidet aus.

Der Eigentümer des TV-Geräts ist nicht der G, sondern der K.

B. Es könnte aber sein, dass G von A die Herausgabe des Fernsehers gemäß § 861 I BGB verlangen kann.

I. Da sich das TV-Gerät in seiner Werkstatt und damit in seinem Herrschaftsbereich befand, war G dessen **Besitzer.**

II. G müsste den Besitz an dem Fernseher durch verbotene Eigenmacht verloren haben. **Verbotene Eigenmacht** liegt nach der Legaldefinition des **§ 858 I BGB** vor, wenn eine

Besitzentziehung oder Besitzstörung *ohne den Willen des Besitzers* geschieht. Besitz i. S. d. § 858 I meint dabei ausschließlich den **unmittelbaren Besitz**. Unter **Besitzentziehung** wird die vollständige und andauernde *Beseitigung der Sachherrschaft* verstanden.

S war nur Besitzdiener (§ 855 BGB), während der unmittelbare Besitz bei G lag. A nahm das Gerät mit, ohne dass G in irgendeiner Weise seine Zustimmung gezeigt hätte. Damit wurde dem G der Besitz durch verbotene Eigenmacht entzogen.

III. A hat den Besitz am Fernseher durch verbotene Eigenmacht erlangt, womit er **fehlerhaft** im Sinne von § 858 II BGB besitzt.

IV. Dem Sachverhalt lassen sich keine Hinweise für einen fehlerhaften Besitz des G entnehmen, weshalb **kein Anspruchsausschluss nach § 861 II BGB** vorliegt.

V. Schließlich hat G auch innerhalb der **Jahresfrist des § 864 I** BGB die Herausgabe des Fernsehers von A verlangt.

VI. Damit steht G gegen A ein Herausgabeanspruch nach § 861 I BGB zu.

C. Daneben könnte G gegen A noch einen Herausgabeanspruch aus § 1007 I BGB haben.

I. G war der **frühere Besitzer** des Fernsehers.

II. Gegenwärtig ist A im Besitz des Gerätes.

III. A müsste **bösgläubig** im Sinne von § 932 II BGB analog gewesen sein, als er den Besitz am Fernseher erwarb. A hätte also wissen bzw. grob fahrlässig verkennen müssen, dass ihm gegenüber dem früheren Besitzer kein Besitzrecht zusteht. S sagte dem A, dieses Gerät sei unverkäuflich, da es sich um den Fernseher des K handele. Daher war A bösgläubig, als er den Fernseher heimlich mitnahm.

IV. Damit kann G von A die Herausgabe des Fernsehers gemäß § 1007 I BGB verlangen.

D. Es kommt ferner ein Herausgabeanspruch des G gegen A aus § 1007 II BGB in Betracht.

I. G war der **frühere Besitzer** des Fernsehers.

II. Gegenwärtig ist A **im Besitz** des Gerätes.

III. G müsste das Fernsehgerät **abhanden gekommen** sein. Wie bereits dargelegt wurde, verlor G seinen Besitz am Fernseher durch verbotene Eigenmacht des A. Da G seinen unmittelbaren Besitz also unfreiwillig verloren hat, ist ihm der Fernseher abhanden gekommen.

IV. Für einen fehlerhaften Besitz des G lassen sich dem Sachverhalt keine Hinweise entnehmen, womit kein **Anspruchsausschluss nach § 1007 III BGB** vorliegt.

V. Damit hat G gegen A einen Anspruch auf Herausgabe des Fernsehers gemäß § 1007 II BGB.

E. Ferner könnte sich ein Herausgabeanspruch des G gegen A aus § 823 I ergeben.

A hat G den unmittelbaren Besitz entzogen. Diese tatsächliche Position ist i. R. d. § 823 I als „sonstiges Recht" geschützt, sofern sie wie vorliegend mit einem entsprechenden Recht korrespondiert. A handelte rechtswidrig und schuldhaft. Da der Schadensersatz in erster Linie auf Naturalrestitution gerichtet ist (§ 249 I), kann G Wiedereinräumung des Besitzes am Fernseher verlangen.

F. Des Weiteren könnte G einen Anspruch gegen A auf Herausgabe gem. §§ 823 II, 858 I BGB haben.

Nach h. M. ist § 858 I ein auch Individualinteressen dienendes Schutzgesetz, so dass G nach §§ 823 II, 858 I BGB ebenfalls Herausgabe des Gerätes von A verlangen kann.

📖 Skript „Einführung in das Sachenrecht 1", Lektion 7
📖 Schreiber, **Jura** 1993, 440 ff. (Besitzschutz – Grundlagen)
📖 Kolhosser, **JuS** 1992, 218 ff. (Besitzschutz – Grundlagen)

Fall 17: Kinder, Kinder...

▸ **Standort:** Eigentumserwerb an einem Grundstück vom Nichtberechtigten, § 892 BGB; Eigentumserwerb durch Erbfall, § 1922 BGB

A ist ein wohlhabender Geschäftsmann, zu dessen Vermögen auch einige Grundstücke gehören. Im Dezember 2019 stirbt A. Er wird von seiner Tochter T beerbt, die von A durch ein notarielles Testament vom 14.05.1979 als seine Alleinerbin eingesetzt wurde. T wird im Grundbuch als Eigentümerin der Grundstücke eingetragen. Im November 2021 verkauft T ein Grundstück an K. T und K erklären vor einem Notar die Auflassung und K wird als Eigentümer im Grundbuch eingetragen. Im Dezember 2021 meldet sich S – der Sohn des A – bei K. Er teilt ihm mit, dass zwischenzeitlich ein handschriftliches Testament des A vom 30.09.2019 aufgetaucht sei, in dem er zum Alleinerben des A eingesetzt worden ist. Er verlangt deshalb die Herausgabe des Grundstückes von K. K weist dieses Ansinnen vehement zurück. Welche Ansprüche hat S in Bezug auf das verkaufte Grundstück?

A. Anspruch des S gegen K auf Herausgabe aus § 985 BGB
I. K ist Besitzer des Grundstücks (+)
II. Eigentum des S am Grundstück
1. Ursprünglicher Eigentümer: A
2. Eigentumserwerb des K gem. §§ 873, 925 BGB
a. Auflassung, § 925 BGB (+)
b. Eintragung des K, § 873 I BGB (+)
c. Einigsein im Zeitpunkt der Eintragung (+)
d. Verfügungsberechtigung der T (-)
e. Eigentumserwerb des K (-)
3. Gutgläubiger Eigentumserwerb des K gem. §§ 873, 925, 892 I BGB
a. Auflassung, Eintragung, Einigsein (+)
b. Überwindung der fehlenden Berechtigung durch § 892 BGB
aa. Rechtsgeschäft im Sinne eines Verkehrsgeschäfts (+)

bb. Unrichtigkeit des Grundbuchs (+)
cc. Legitimation der Verfügenden T als Berechtigte (+)
dd. Gutgläubigkeit des K (+)
ee. Kein Widerspruch im Grundbuch eingetragen (+)
c. Zwischenergebnis: Eigentumserwerb des K, §§ 873, 925, 892 BGB (+)
III. Ergebnis: Anspruch des S gegen K aus § 985 BGB (-)
B. Anspruch des S gegen K auf Zustimmung zur Grundbuchberichtigung aus § 894 BGB (-)

C. Anspruch des S gegen K aus § 812 I 1, 2. Alt. BGB (-)

D. Anspruch des S gegen T auf Herausgabe des Kaufpreises für das Grundstück aus § 816 I 1 BGB
I. Verfügung eines Nichtberechtigten (+)
II. Wirksamkeit der Verfügung gegenüber dem Berechtigten (+)
III. Ergebnis: Anspruch des S gegen T aus § 816 I 1 BGB (+)

A. S könnte von K die Herausgabe des Grundstückes aus § 985 BGB verlangen.

I. K ist **Besitzer** des Grundstückes, da er die tatsächliche Gewalt (§ 854 I BGB) darüber erlangt hat.

II. Weiterhin muss S der **Eigentümer** des Grundstücks sein.

1. Ursprünglich stand das Grundstück im Eigentum des A.
2. K könnte das Eigentum an dem Grundstück gemäß **§§ 873 I, 925 I BGB** von T erworben haben. Hierfür müssten eine Auflassung und die Eintragung des K in das Grundbuch vorliegen.

a. Eine **Auflassung iSd § 925 I BGB** ist gegeben. K und T haben sich vor einem Notar über den Übergang des Eigentums am Grundstück von T auf K geeinigt.

b. Weiterhin wurde K nach § 873 I BGB als Eigentümer in das Grundbuch **eingetragen.**

c. Zum Zeitpunkt der Eintragung **bestand die Einigung** noch.

d. Fraglich ist jedoch die **Verfügungsberechtigung** der T. Ursprünglich war sie als Alleinerbin des A eingesetzt worden. Diese Erbenstellung wurde aber durch das spätere Testament zugunsten des S gemäß § 2258 I BGB widerrufen. Wegen der *Gleichwertigkeit der Testamentsformen* kann ein notarielles Testament auch durch ein handschriftliches widerrufen werden. Die Folge ist, dass nicht T, sondern S Alleinerbe des A ist. Mit dem Tod des A (= Erbfall) wurde damit S gemäß § 1922 I BGB Eigentümer des Grundstücks. Da T nicht Eigentümerin war, fehlt es ihr an der Verfügungsberechtigung.

e. Damit scheidet ein Eigentumserwerb des K nach §§ 873 I, 925 I BGB aus.

3. Es kommt aber ein **gutgläubiger Eigentumserwerb** des K nach §§ 873 I, 925 I, 892 I BGB in Betracht.

a. Die Voraussetzungen der §§ 873 I, 925 I BGB (Auflassung, Eintragung, Einigsein) liegen vor.

b. Die **fehlende Berechtigung** der T könnte durch **§ 892 I BGB** überwunden worden sein.

aa. Es liegt ein **Rechtsgeschäft im Sinne eines Verkehrsgeschäfts** vor.

bb. Ferner ist das **Grundbuch unrichtig.** T ist als Eigentümerin eingetragen, nicht jedoch der wahre Eigentümer S.

cc. Außerdem ist die Verfügende T durch das Grundbuch **als Berechtigte legitimiert.** Das Grundbuch weist fälschlicherweise T als Eigentümerin aus.

dd. Da sich dem Sachverhalt keine Hinweise dafür entnehmen lassen, dass K zum Zeitpunkt der Eintragung im Grundbuch positiv wusste, dass S der richtige Eigentümer ist, war er auch gutgläubig.

ee. Schließlich war **kein Widerspruch** im Grundbuch eingetragen.

c. Als Zwischenergebnis ist daher festzuhalten, dass K das Eigentum am Grundstück gutgläubig nach §§ 873 I, 925 I, 892 I BGB erworben hat.

III. Damit hat S gegen K keinen Herausgabeanspruch aus § 985 BGB.

B. Ein Anspruch des S gegen K auf Zustimmung zur Grundbuchberichtigung aus § 894 BGB ist nicht gegeben.

Das Grundbuch ist nicht unrichtig, da mit K der richtige Eigentümer eingetragen ist.

C. Auch scheidet ein Anspruch des S gegen K aus § 812 I 1, 2. Alt. BGB aus.

Wegen des Grundsatzes des Vorranges der Leistungskondiktion hat die Rückabwicklung vorrangig im Leistungsverhältnis zwischen T und K zu erfolgen.

D. S könnte gegen T einen Anspruch auf Herausgabe des Kaufpreises für das Grundstück aus § 816 I 1 BGB haben.

I. Es liegt die **Verfügung eines Nichtberechtigten** vor. Denn T war nicht Eigentümerin des Grundstückes oder zur Verfügung ermächtigt, als sie darüber verfügte.

II. Die **Verfügung** der T war gegenüber dem berechtigten S gemäß §§ 873 I, 925 I, 892 I BGB **wirksam,** denn K wurde Eigentümer des Grundstücks (s.o.).

III. Damit besteht der Anspruch des S gegen T aus § 816 I 1 BGB. Danach muss der Verfügende das „durch die Verfügung Erlangte" herausgeben. Dies ist hier der Kaufpreis.

📖 Skript „Einführung in das Sachenrecht 2", Lektion 1
📖 Schreiber, **Jura** 1999, S. 491 ff. (Gutgläub. Erwerb – Grundl.)

Fall 18: Die Sache mit dem Jahreszins

▸ **Standort:** Entstehungsvoraussetzungen der Hypothek, Absicherung einer Ersatzforderung durch die Hypothek

> S hat von seiner Hausbank B ein Darlehen über 150.000 € erhalten. Als Sicherheit für das Darlehen hat S der B eine Buchhypothek an seinem Grundstück bestellt. Kurz nach der Eintragung der Hypothek in das Grundbuch und der Auszahlung des Darlehens teilt S der B mit, dass er den Darlehensvertrag anfechte. Er habe herausgefunden, dass ihn der Sachbearbeiter beim Abschluss des Darlehensvertrags arglistig über die Höhe des effektiven Jahreszinses getäuscht habe. Welche Ansprüche stehen der B gegen den S zu, wenn davon auszugehen ist, dass die Anfechtung wirksam war?

A. Anspruch der B gegen S aus § 488 I 2 BGB (-)

B. Anspruch der B gegen S aus § 812 I 1, 1. Alt. BGB
I. S hat etwas erlangt (+)
II. durch Leistung der B (+)
III. ohne rechtlichen Grund (+)
IV. Zwischenergebn.: Anspruch der B gegen S aus § 812 I, 1. Alt. BGB (+)

C. Anspruch der B gegen S auf Duldung der Zwangsvollstreckung aus § 1147 BGB
I. Einigung mit dem Inhalt der §§ 1113, 1116 BGB (+)
II. Eintragung ins Grundbuch (+)
III. Einigsein im Zeitpunkt der Eintragung (+), vgl. § 873 II BGB
IV. Ausschluss der Erteilung des Hypothekenbriefes, § 1116 II BGB (+)
V. Berechtigung des S zur Bestellung der Hypothek (+)
VI. Bestehen der zu sichernden Forderung
1. Anspruch aus § 481 I 2 BGB (-) s.o.
2. Absicherung des „Ersatzanspruchs"/Rückzahlungsanspruchs aus § 812 I 1, 1. Alt. BGB durch Hypothek
a. Erkennbarer Parteiwille (-)
b. Bei nicht erkennbarem Parteiwillen: umstr. → nach hM (-)
VII. Ergebnis: Anspruch der B gegen S aus § 1147 BGB (-)

A. Ein Anspruch der B gegen S auf Rückzahlung der Darlehenssumme gemäß § 488 I 2 BGB scheidet aus.

Nach erfolgter Anfechtung wegen arglistiger Täuschung gemäß § 123 I BGB ist der Darlehensvertrag gemäß § 142 I BGB als von Anfang an nichtig anzusehen.

B. Die B könnte gegen S einen Anspruch auf Rückzahlung der 150.000 € aus § 812 I 1, 1 Alt. BGB haben.

I. Dann müsste S zunächst „etwas" erlangt haben. Hierunter ist *jeder Vermögensvorteil* zu verstehen. Hier hat S zumindest einen Auszahlungsanspruch gegen seine Bank erhalten.

II. Diesen müsste S **durch eine Leistung** der B erlangt haben. Leistung ist jede bewusste und zweckgerichtete Mehrung fremden Vermögens. Die B hat durch die Auszahlung des Darlehens das Vermögen des S bewusst vermehrt. Sie verfolgte damit den Zweck, ihrer Verpflichtung aus dem Darlehensvertrag nachzukommen.

III. Schließlich darf kein Rechtsgrund für die Vermögensmehrung des S gegeben sein. Der Rechtsgrund fehlt hier, da der Darlehensvertrag wegen der Anfechtung als ex tunc nichtig anzusehen ist (s.o.).

IV. Damit kann B von S gemäß § 812 I 1, 1. Alt. BGB die Rückzahlung der Darlehenssumme verlangen.

C. Weiterhin könnte die B gegen S einen Anspruch auf Duldung der Zwangsvollstreckung aus § 1147 BGB haben. Voraussetzung hierfür ist, dass B gemäß §§ 873 I, 1113 I, 1115 BGB wirksam eine Hypothek erworben hat.

I. Eine **Einigung** mit dem Inhalt der §§ 1113 I, 1116 I BGB ist gegeben.

II. Auch erfolgte eine **Eintragung** der Hypothek in das Grundbuch (§§ 873 I, 1115 I BGB).

III. Die Einigung **wirkte** zudem, wie von § 873 II BGB gefordert, bis zum Zeitpunkt der Eintragung **fort.**

IV. Weiterhin wurde die **Erteilung des Hypothekenbriefs** gemäß § 1116 II BGB ausgeschlossen.

V. Als Eigentümer war S zur Bestellung der Hypothek **berechtigt.**

VI. Schließlich muss die **Forderung,** welche durch die Hypothek gesichert werden soll, **bestehen.**

1. Der Rückzahlungsanspruch der B gegen S gemäß § 488 I 2 BGB scheidet als zu sichernde Forderung aus. Diese Forderung besteht nicht, da der Darlehensvertrag aufgrund der Anfechtung nichtig ist (s.o.).

2. Es stellt sich aber die Frage, ob der Rückzahlungsanspruch der B gegen S aus § 812 I 1, 1. Alt. BGB durch die Hypothek abgesichert werden kann.

a. Unproblematisch kann ein solcher „Ersatzanspruch" durch eine Hypothek abgesichert werden, wenn ein entsprechender Parteiwille erkennbar ist. Ein solcher liegt hier nicht vor. Es besteht weder eine ausdrückliche, noch eine konkludente Vereinbarung mit diesem Inhalt.

b. Ob ein solcher Parteiwille auch dann angenommen werden kann, wenn sich den Erklärungen der Parteien keine Anhaltspunkte für eine Absicherung der „Ersatzforderung" entnehmen lassen, ist umstritten.

aa. Eine Auffassung geht davon aus, dass dies möglich ist. Der Parteiwille sei regelmäßig darauf gerichtet, auch einen Bereicherungsanspruch hypothekarisch abzusichern, wenn die vertragliche Forderung nicht entsteht. Ein solcher hypothetischer Parteiwille könne daher stets unterstellt werden. Ein Verstoß gegen den sachenrechtlichen Bestimmtheitsgrundsatz liege nicht vor, weil der Bereicherungsanspruch an die Stelle des ursprünglich zu sichernden Anspruchs trete. Daher sei die Bestimmtheit des Lebenssachverhalts insoweit gewahrt, als mit der Hingabe des Geldes ein Rückzahlungsanspruch entstanden sei.

Folgt man dieser Auffassung, hat B eine Hypothek erworben.

bb. Die **herrschende Meinung** dagegen lehnt eine generelle Unterstellung eines solchen Parteiwillens ab. Eine solche widerspreche dem sachenrechtlichen Bestimmtheitsgrundsatz.

Nach dieser Auffassung hat B damit keine Hypothek erworben.

cc. Stellungnahme: Es ist zu beachten, dass eine Darlehensforderung und eine Forderung aus § 812 I 1, 1. Alt. BGB inhaltlich verschieden sind. Eine Darlehensforderung wird erst nach einer Kündigung bzw. nach Zeitablauf fällig. Demgegenüber ist ein bereicherungsrechtlicher Anspruch sofort fällig. Weiterhin kann sich der Schuldner gegenüber einem Anspruch aus § 812 BGB auf einen Wegfall der Bereicherung berufen (§ 818 III). Dem Schuldner einer Darlehensforderung ist dies hingegen verwehrt. Daher ist die hM vorzugswürdig.

Das bedeutet, dass ein bereicherungsrechtlicher Anspruch nur dann durch eine Hypothek gesichert werden kann, wenn ein solcher Parteiwille feststellbar ist. Wie bereits dargelegt, ist dies hier nicht der Fall. Das bedeutet, dass die B keine Hypothek erworben hat. Vielmehr ist gemäß §§ 1163 I 1, 1177 I 1 BGB eine **Eigentümergrundschuld** entstanden.

VII. Damit hat die B gegen S keinen Anspruch auf Duldung der Zwangsvollstreckung aus § 1147 BGB.

📖 Skript „Einführung in das Sachenrecht 2", Lektion 2
📖 Schreiber, **Jura** 2002, 103 ff. (Hypothek – Grundlagenwissen)
📖 Reischel, **JuS** 1998, 125 ff. (Hypothek – Grundfälle)

Fall 19: Die Sache mit dem Jahreszins Teil II

▸ **Standort:** Entstehungsvoraussetzungen einer Grundschuld; Nichtbestehen der Forderung

Welche Ansprüche stehen den Beteiligten im Fall 18 zu, wenn S der B zur Sicherung der Forderung keine Hypothek, sondern eine Grundschuld bestellt?

Teil 1: Ansprüche der B gegen S

A. Anspruch des B gegen S aus § 488 I 2 BGB (-), siehe Ausgangsfall

B. Anspruch der B gegen S aus § 812 I 1, 1. Alt. BGB (+), siehe Ausgangsfall

C. Anspruch der B gegen S auf Duldung der Zwangsvollstreckung aus §§ 1192, 1147 BGB

I. Erwerb einer Grundschuld, §§ 873, 1191, 1192, 1116 BGB
1. Einigung mit Inhalt der §§ 1191 ff. BGB (+)
2. Eintragung im Grundbuch, § 873 BGB (+)
3. Einigsein im Zeitpunkt der Eintragung, § 873 II BGB (+)
4. Ausschluss d. Ertlg. des Grundschuldbriefs, §§ 1192, 1116 II BGB (+)
5. Berechtigung des S zur Bestellung der Grundschuld (+)
6. Bestehen einer Forderung nicht Voraussetzung für Entstehung einer Grundschuld
7. Zwischenergebnis: Erwerb einer Grundschuld durch B (+)
II. Kein Erlöschen der Grundschuld (+)
III. Durchsetzbarkeit der Grundschuld (-)
IV. Ergebnis: Anspruch der B gegen S aus §§ 1192, 1147 BGB (-)

Teil 2: Ansprüche des S gegen B

Anspruch des S gegen B auf Rückübertragung der Grundschuld (+)

1. Teil

A. Ein Anspruch der B gegen S auf Zahlung der Darlehensraten und Rückzahlung der Darlehensvaluta aus § 488 I 2 BGB besteht nicht.

Wie bereits in Fall 18 dargestellt, ist der Darlehensvertrag aufgrund einer wirksam erfolgten Anfechtung als von Anfang an nichtig anzusehen.

B. Die B hat aber gegen S einen Anspruch auf Rückzahlung der Darlehenssumme aus § 812 I 1, 1. Alt. BGB (vgl. Ausgangsfall).

C. Weiterhin könnte die B von S die Duldung der Zwangsvollstreckung gemäß §§ 1192 I, 1147 BGB verlangen.

I. Hierfür müsste die B die Grundschuld gemäß §§ 873 I, 1191, 1192, 1116 BGB erworben haben.

1. Eine **Einigung** mit dem Inhalt des § 1191 I BGB liegt vor.

2. Auch erfolgte eine **Eintragung** der Grundschuld gemäß § 873 I BGB in das Grundbuch.

3. Zum Zeitpunkt der Eintragung **wirkte die Einigung**, wie von § 873 II BGB gefordert, **fort.**

4. Die **Erteilung des Grundschuldbriefs** wurde gemäß §§ 1192, 1116 II BGB ausgeschlossen.

5. Als Eigentümer des Grundstücks war S auch zur Bestellung der Grundschuld **berechtigt.**

6. Das Bestehen einer Forderung ist nicht Voraussetzung für die Entstehung einer Grundschuld. § 1163 I BGB ist auf die Grundschuld nicht entsprechend anwendbar. Dies ergibt sich aus § 1192 I BGB. Hiernach sind die Hypothekenvorschriften nur insoweit entsprechend anwendbar, als dass das Bestehen einer Forderung nicht vorausgesetzt wird. Das bedeutet, dass eine Grundschuld trotz der nichtigen Darlehensforderung entstanden ist.

7. Damit hat B eine Grundschuld erworben.

II. Dem Sachverhalt lassen sich auch keine Anhaltspunkte für ein **Erlöschen der Grundschuld** entnehmen.

III. Fraglich ist aber, ob die Grundschuld von der B auch **durchgesetzt** werden kann. Es könnte nämlich sein, dass S eine Einrede erheben könnte. Vorliegend käme die Einrede der Nichtvalutierung in Betracht. Aus dem Sicherungsvertrag ergibt sich, dass mit der Grundschuld die Darlehensforderung der B abgesichert werden soll. Diese Forderung ist aber wegen der erfolgten Anfechtung unwirksam. Damit besteht keine Forderung, die zu sichern ist, so dass ein Sicherungsbedürfnis der B nicht besteht. Dass das Darlehen ausbezahlt worden ist, steht dem nicht entgegen.

Der zu sichernde Anspruch kann auch nicht in dem Rückzahlungsanspruch aus § 812 I 1, 1. Alt. BGB gesehen werden. Aus denselben Erwägungen wie im Rahmen der Hypothek kommt die Sicherung einer solchen Ersatzforderung nach vorzugswürdiger Ansicht nur dann in Betracht, wenn dies zweifelsfrei vereinbart wurde. Eine solche eindeutige Absprache liegt hier jedoch nicht vor.

Damit kann S dem Anspruch der B die Einrede der Nichtvalutierung entgegenhalten. Der Anspruch ist damit nicht durchsetzbar.

Hinweis: Wäre die Sicherungsabrede unwirksam, käme eine Einrede aus § 821 in Betracht!

IV. B hat damit gegen S keinen Anspruch auf Duldung der Zwangsvollstreckung gemäß §§ 1192 I, 1147 BGB.

2. Teil: Ansprüche des S gegen B

S hat gegen die B einen Anspruch auf Rückübertragung der Grundschuld. Es besteht Einigkeit darüber, dass dem Schuldner im Falle der Nichtvalutierung einer Grundschuld gegen den Sicherungsnehmer ein **Anspruch auf Rückübertragung** zusteht. Es besteht lediglich Streit über die *Rechtsgrundlage* hierfür:

1. Eine Auffassung sieht als Anspruchsgrundlage § 812 I 1, 1. Alt. BGB.

2. Nach anderer Ansicht ergibt sich ein Rückübertragungsanspruch nach Rücktritt vom Sicherungsvertrag aus § 346 I BGB.

3. Die **hM** entnimmt den Rückübertragungsanspruch dem Sicherungsvertrag selbst, auch wenn dies nicht ausdrücklich vereinbart worden ist.

▸ **Literatur**
📖 Skript „Einführung in das Sachenrecht 2", Lektion 3
📖 Goertz/Roloff, **JuS** 2000, 762 ff. (Grundschuld – Grundlagenw.)
📖 Reischel, **JuS** 1998, 614 ff. (Grundschuld – Grundfälle)

Fall 20: Freundschaftsdienst

▸ **Standort:** Übertragung einer Hypothek, §§ 1153, 1154 BGB

F, ein gut situierter Geschäftsmann, hat seinem Freund S ein Darlehen über 50.000 € zur Verfügung gestellt. S hat zur Sicherung der Darlehensforderung eine Briefhypothek bestellt. Einige Zeit später tritt F die Darlehensforderung gegen S zur Begleichung einer Darlehensverbindlichkeit schriftlich an die U-Bank ab. Dabei erwähnt er gegenüber U nicht, dass die Forderung durch eine Hypothek abgesichert ist. Zur Begleichung einer weiteren Darlehensverbindlichkeit überträgt F „die Hypothek" mit einem schriftlichen Vertrag und unter Übergabe des Hypothekenbriefes an L. Wie ist die Rechtslage?

A. Anspruch der U gegen S auf Zahlung der Darlehensraten aus §§ 398, 488 I 2 BGB
I. Vertrag über Übergang der Forderung, § 398 BGB (+)
II. Einhaltung der Form, § 1154 BGB?
1. Schriftliche Abtretungserklärung (+)
2. Übergabe des Hypothekenbriefes (-)
III. Ergebnis: Anspruch der U gegen S aus §§ 398, 488 I 2 BGB (-)

B. Anspruch des L gegen S auf Zahlung der Darlehensraten aus §§ 398, 488 I 2 BGB
I. Vertrag über Übergang der Forderung, § 398 BGB (+) → Problem: Abtretungserklärung
II. Einhaltung der Form, § 1154 BGB (+)
III. Berechtigung des F als Forderungsinhaber (+)
IV. Ergebnis: Anspruch des L gegen S aus §§ 398, 488 I 2 BGB (+)

C. Anspruch des L gegen S auf Duldung der Zwangsvollstreckung aus § 1147 BGB
I. Ursprünglich: F = Inhaber der Hypothek
II. Erwerb der Hypothek durch L gem. §§ 398, 1153, 1154 BGB (+)
III. Ergebnis: Anspruch des L gegen S aus § 1147 BGB (+)

A. U könnte gegen S einen Anspruch auf Zahlung der Darlehensraten aus §§ 398, 488 I 2 BGB haben.

Hierfür müsste U die entstandene Forderung wirksam von F erworben haben.

I. Eine **Einigung** über den Übergang der Forderung im Sinne des **§ 398 BGB** liegt vor.

II. Da hier jedoch eine hypothekarisch gesicherte Forderung gegeben ist, muss zusätzlich die **Form gemäß § 1154 I 1 BGB** eingehalten worden sein.

1. Eine **schriftliche Abtretungserklärung** liegt dem Sachverhalt nach vor.

2. Weiterhin muss der **Hypothekenbrief** von F an U übergeben worden sein. Dies ist hier nicht geschehen. Damit wurde die Form des § 1154 I 1 nicht eingehalten.

III. Ein Anspruch der U gegen S aus §§ 398, 488 I 2 BGB scheidet somit aus.

B. L könnte gegen S einen Anspruch auf Zahlung der Darlehensraten aus §§ 398, 488 I 2 BGB haben.

Dies wäre dann der Fall, wenn L die Darlehensforderung **gemäß §§ 398, 1154 BGB** wirksam erworben hätte.

I. Es müsste gemäß **§ 398 BGB** zwischen F und L ein Vertrag über den Übergang der Darlehensforderung geschlossen worden sein. Dies erscheint hier problematisch, da F und L sich nur darüber geeinigt haben, dass „die Hypothek" übergehen soll. Demnach könnte es an der erforderlichen Abtretungserklärung des F fehlen.

Willenserklärungen sind jedoch aus der Sicht eines objektiven Dritten in der Rolle des Erklärungsempfängers auszulegen (§§ 133, 157). In der Praxis wird oft erklärt, dass die Hypothek abgetreten wird, weil der Erwerb dieses Rechts im Vordergrund steht. Wird in einem solchen Fall auch ein Hypothekenbrief übergeben, wird konkludent zum Ausdruck gebracht, dass auch die hypothekarisch gesicherte Forderung mit übergehen soll.

Eine solche Konstellation liegt hier vor. Der Hypothekenbrief wurde von F an L übergeben. Ein Abtretungsvertrag ist damit gegeben.

II. Auch wurde die **Form** nach § 1154 I 1 BGB eingehalten.

III. Als Forderungsinhaber war F auch **berechtigt,** über diese zu verfügen.

IV. Damit kann L von S die Zahlung der Darlehensraten aus §§ 398, 488 I 2 BGB verlangen.

C. Weiterhin könnte L gegen S auch einen Anspruch auf Duldung der Zwangsvollstreckung gemäß § 1147 BGB haben.

Hierfür müsste L die Hypothek wirksam erworben haben.

I. Ursprünglich war F **Inhaber** der Hypothek.

II. Durch die **Abtretung** der Darlehensforderung hat L gemäß §§ 398, 1153 I, 1154 I 1 BGB auch die Hypothek erworben. Mit dem Übergang der Forderung ging die Hypothek automatisch auf L über. Als Inhaber der Hypothek war F auch berechtigt, die Hypothek zu übertragen.

III. L kann damit von S gemäß § 1147 BGB die Duldung der Zwangsvollstreckung verlangen.

▶ **Literatur**
📖 Skript „Einführung in das Sachenrecht 2", Lektion 2
📖 Schreiber, **Jura** 2002, 103 ff. (Hypothek – Grundlagenwissen)
📖 Reischel, **JuS** 1998, 125 ff. (Hypothek – Grundfälle)

Fall 21: Freundschaftsdienst – Abwandlung

▶ **Standort:** Übertragung einer Grundschuld

> Wie ist die Rechtslage, wenn S dem F im Fall 20 zur Sicherung der Forderung eine Grundschuld bestellt?

A. Anspruch U gegen S auf Duldung der Zwangsvollstreckung, §§ 1192, 1147 BGB (-)

B. Anspruch U gegen S auf Zahlung der Darlehensraten aus §§ 398, 488 I 2 BGB
I. Voraussetzung: wirksamer Erwerb der Forderung von F
1. Einigung über Übertragung der Forderung, § 398 BGB (+)
2. Einhaltung der Form, § 1154 BGB, nicht erforderlich
3. Zwischenergebnis: Erwerb der Forderung (+)
II. Kein Erlöschen der Forderung (+)
III. Durchsetzbarkeit der Forderung (-)
IV. Anspruch U gegen S aus §§ 398, 488 I 2 BGB (-)

C. Anspruch L gegen S auf Zahlung der Darlehensraten,

§§ 398, 488 I 2 BGB (-)

D. Anspruch L gegen S auf Duldung der Zwangsvollstreckung, §§ 1192, 1147 BGB
I. Wirksamer Erwerb der Grundschuld durch L, §§ 1192, 1154 BGB
1. Ursprünglicher Inhaber der Grundschuld war F
2. Erwerb der Grundschuld durch F gemäß §§ 1192, 1154 BGB
a. Einigung bezüglich Übergang der Grundschuld (+)
b. Einhaltung der Form bei Briefgrundschuld, §§ 1192, 1154 I BGB (+)
c. Berechtigung des F zur Übertragung der Grundschuld (+),
   da Inhaber der Grundschuld
3. Zwischenergebnis: Erwerb der Grundschuld durch L (+)
II. Kein Erlöschen der Grundschuld (+)
III. Durchsetzbarkeit der Grundschuld (-)
IV. Anspruch L gegen S aus §§ 1192, 1147 BGB (-)

A. Ein Anspruch der U gegen S auf Duldung der Zwangsvollstreckung gemäß §§ 1192I , 1147 BGB scheidet aus.

Vorliegend wurde U von F nur die Forderung abgetreten. Da eine Grundschuld nicht akzessorisch ist, geht sie bei einem Forderungsübergang nicht gemäß § 1153 I BGB auf den neuen Gläubiger über.

B. U könnte von S aber die Zahlung der Darlehensraten gemäß §§ 398, 488 I 2 BGB verlangen.

I. Hierfür müsste U die **Forderung** gemäß § 398 BGB von F erworben haben.

1. U und F haben sich im Sinne des § 398 BGB darüber **geeinigt,** dass die F gegen S zustehende Darlehensforderung auf U übergehen soll.

2. Dabei musste die **Form des § 1154 I 1 BGB** nicht eingehalten werden. Wie bereits angeführt, besteht bei der Grundschuld keine Abhängigkeit von der Forderung. Daher findet § 1154 BGB gemäß § 1192 I BGB keine Anwendung auf die Abtretung der Forderung.

Hinweis: Auf die Abtretung der Grundschuld selbst findet § 1154 hingegen Anwendung!

3. Damit hat U die Darlehensforderung des F gegen den S nach § 398 BGB wirksam erworben.

II. Dem Sachverhalt lassen sich auch keine Anhaltspunkte entnehmen, die auf ein Erlöschen der Forderung schließen lassen.

III. Es ist aber fraglich, ob U ihre erworbene Forderung gegen S **durchsetzen** kann. Womöglich könnte S nämlich **Einreden** gegen die Darlehensforderung erheben. Diese Einreden kann er dabei gemäß § 404 BGB auch gegenüber seiner neuen Gläubigerin U geltend machen. Vorliegend könnte ein **Zurückbehaltungsrecht** des S gemäß § 273 I **BGB** in Betracht kommen. Ein solches Zurückbehaltungsrecht setzt voraus, dass dem S aus demselben rechtlichen Verhältnis, auf dem seine Verpflichtung beruht, ein Anspruch gegen seinen Gläubiger zusteht.

Hier kommt ein Anspruch des S aus dem mit F geschlossenen Sicherungsvertrag in Betracht. Dieser Sicherungsvertrag hat den Zweck, die nichtakzessorische Grundschuld mit der zu sichernden Forderung zu verknüpfen. Dieser Sicherungsabrede lässt sich - zumindest im Wege der Auslegung - der Zweck entnehmen, dass eine *doppelte Inanspruchnahme des Schuldners* ausgeschlossen sein soll.

Andernfalls könnte er nämlich einmal aus der Forderung und daneben zusätzlich aus der Grundschuld in Anspruch genommen werden. Daher steht dem Schuldner aus dem Sicherungsvertrag ein Anspruch auf Rückübertragung der Grundschuld entsprechend den gezahlten Beträgen zu. Die Folge hiervon ist, dass der Gläubiger vom Schuldner die Zahlung der Darlehensraten nur Zug um Zug gegen eine Rückübertragung der Grundschuld verlangen kann. Diesen Anspruch auf Rückübertragung kann S gemäß § 404 BGB auch seiner neuen Gläubigerin U entgegenhalten.

Hier hat U von F nur die *Darlehensforderung* erworben. Die Grundschuld wurde ihr nicht übertragen. Aus diesem Grund ist es ihr nicht möglich, eine Rückübertragung der Grundschuld auf S vorzunehmen. Diese Nichterfüllbarkeit des Rückübertragungsanspruches begründet gemäß § 273 I BGB ein Zurückbehaltungsrecht des S. Die Darlehensforderung der U ist damit nicht durchsetzbar.

IV. Damit kann U von S nicht die Zahlung der Darlehensraten aus §§ 398, 488 I 2 BGB verlangen.

C. Auch L hat keinen Anspruch gegen S auf Zahlung der Darlehensraten gemäß §§ 398, 488 I 2 BGB.

L wurde von F nicht die Forderung, sondern nur die Grundschuld übertragen. Da eine Grundschuld nicht akzessorisch ist, ist dieses unproblematisch möglich.

D. L könnte von S aber die Duldung der Zwangsvollstreckung gemäß §§ 1192 I, 1147 BGB verlangen.

I. Voraussetzung hierfür ist, dass L die Grundschuld von F wirksam gemäß §§ 1192 I, 1154 BGB erworben hat.

1. Ursprünglicher Inhaber der Grundschuld war der F.

2. Diese Grundschuld müsste L gemäß **§§ 1192 I, 1154 I BGB** erworben haben.

a. L und F haben sich darüber **geeinigt,** dass die Grundschuld auf L übergehen soll.

b. Die bei der Briefgrundschuld erforderliche **Form** nach **§§ 1192 I, 1154 I BGB** wurde eingehalten. Es liegt eine schriftliche Abtretungserklärung vor und der Grundschuldbrief wurde dem L übergeben.

c. Als Inhaber der Grundschuld war F auch zu deren Übertragung **berechtigt.**

3. Damit hat L die Grundschuld von F wirksam erworben.

II. Es sind keine Gründe für ein **Erlöschen** der Grundschuld ersichtlich.

III. Da aber die Grundschuld und die Darlehensforderung an verschiedene Personen übertragen wurden, stellt sich auch hier die Frage, ob der Anspruch des L aus §§ 1192 I, 1147 BGB durchsetzbar ist. Auch hier könnte S dem L gemäß §§ 1192 I, 1157 S. 1 BGB eine **Einrede** entgegenhalten.

Hier ergibt eine Auslegung des Sicherungsvertrags für den Schuldner die sog. **Einrede der Nichtdurchsetzbarkeit** der Forderung. Denn der Zweck einer Sicherungsgrundschuld ist die Absicherung einer Forderung. Wenn die zu sichernde Forderung nun aber nicht durchsetzbar ist (z.b. wegen einer Einrede des Schuldners), so besteht kein Bedürfnis für deren Absicherung. So liegt der Fall auch hier: Die durch die Grundschuld gesicherte Darlehensforderung ist wegen eines Zurückbehaltungsrechtes des S dauerhaft nicht durchsetzbar (s.o.).

Damit S diese Einrede gemäß §§ 1192 I, 1157 S. 1 BGB gegenüber L geltend machen kann, muss diese bereits zum **Zeitpunkt der Abtretung** der Grundschuld entstanden sein. Dies ergibt sich aus dem Wortlaut des § 1157 BGB, der von dem Schuldner „zustehenden" Einreden spricht.

Vorliegend wurde zunächst die Darlehensforderung von F abgetreten. Erst danach übertrug er die Grundschuld auf L. Die Nichtdurchsetzbarkeit der Forderung aufgrund ihrer Trennung von der Grundschuld lag bei der Übertragung der Grundschuld also bereits vor. Damit kann S sich gemäß §§ 1192 I, 1157 S. 1 BGB gegenüber L auf die Einrede der Nichtdurchsetzbarkeit der Forderung berufen. Dies hat zur Folge, dass der Anspruch des L gegen S auf Duldung der Zwangsvollstreckung nicht durchsetzbar ist.

IV. L kann damit von S nicht die Duldung der Zwangsvollstreckung gemäß §§ 1192 I, 1147 BGB verlangen.

Fall 22: Verwirrt

▶ **Standort:** Übertragung einer Hypothek, Abtretungskette, § 1155 BGB, Auseinanderfallen von Forderung und Hypothek

Der wohlhabende A hat seinem Freund S im Dezember 2020 einen Kredit zur Finanzierung seines Eigenheimes gewährt. Es wurde vereinbart, dass S mit der Rückzahlung der Raten erst im Januar 2022 beginnen soll. Zur Sicherung der Darlehensforderung bestellt S zugunsten des A eine Briefhypothek an seinem Grundstück, die auch in das Grundbuch eingetragen wird. Im Januar 2022 meldet sich D bei S und teilt ihm mit, dass er die Darlehensforderung durch Abtretung von C erworben habe. S habe daher ab Januar die Raten an D zu zahlen. Tatsächlich hatte A die hypothekarisch gesicherte Forderung gegen S im März 2021 mit öffentlich beglaubigter Erklärung an B abgetreten und B den Hypothekenbrief übergeben. Einen Monat später stellte sich aber heraus, dass A seit Januar 2021 aufgrund einer unerkannten Geisteskrankheit geschäftsunfähig ist. Dies wurde dem B auch durch den vom Gericht für A bestellten Betreuer unverzüglich mitgeteilt. Trotzdem trat B die Forderung im Juli 2021 mit privatschriftlichem Vertrag und unter Übergabe des Hypothekenbriefs an C ab. C wusste nichts von der Geschäftsunfähigkeit des A. C wiederum trat die Darlehensforderung im Januar 2022 ebenfalls mit einem privatschriftlichen Vertrag und unter Übergabe des Briefes an D ab, der die gesamte Vorgeschichte nicht kannte. Wie ist die Rechtslage?

A. Anspruch des D gegen S auf Duldung der Zwangsvollstreckung aus § 1147 BGB
I. Ursprünglicher Inhaber der Hypothek: A
II. Erwerb der Hypothek durch B, §§ 398, 1154 BGB (-)
III. Erwerb der Hypothek durch C von B
1. Erwerb der Forderung nach §§ 398, 1154 BGB (-)
2. Erwerb der Forderung nach §§ 1138, 892, 1155 BGB
a. Rechtsgeschäft iSe Verkehrsgeschäfts (+)
b. Legitimation des B als Berechtigter, § 1155 BGB (+)
c. Gutgläubigkeit des C bzgl. des Bestehens der Forderung (+)

d. Keine Eintragung eines Widerspruchs im Grundbuch (+)

e. Zwischenergebnis: C hat damit in Ansehung der Hypothek die Forderung erworben, §§ 1155, 892 BGB

3. Erwerb der Hypothek mit der (fingierten) Forderung

a. §§ 398, 1153, 1154 BGB (-) → fehlende Berechtigung des B

b. Gutgl. Erwerb der Hypothek mit der (fingierten) Forderung, §§ 1155, 892 BGB (+)

c. Zwischenergebnis: Erwerb der Hypothek durch C (+)

IV. Erwerb der Hypothek durch D

1. Erwerb durch Abtretung der Forderung

a. Erwerb gemäß §§ 398, 1153, 1154 BGB (-); C ist nicht Inhaber der Forderung → keine Berechtigung

b. Fiktion der Forderung / Erwerb vom Nichtberechtigten nach §§ 1155, 892 BGB (-)

c. Erwerb der Forderung durch C durch Erwerb der Hypothek? Umstr. → hM (+)

d. Zwischenergebnis: Berechtigung des C bzgl. Forderung (+)

2. Übergang der Hypothek auf D, § 1153 BGB (+)

3. Zwischenergebnis: D hat Hypothek erworben

V. Ergebnis: Anspruch des D gegen S aus § 1147 BGB (+)

B. Anspruch des D gegen S aus § 488 I 2 BGB (+)

C. Anspruch des A gegen S aus § 488 I 2 BGB (-)

A. D könnte von S möglicherweise die Duldung der Zwangsvollstreckung aus § 1147 BGB verlangen.

Voraussetzung hierfür ist, dass D Inhaber der Hypothek ist.

I. Der ursprüngliche **Inhaber** der Hypothek war A.

II. B hat die Hypothek nicht gemäß **§§ 398, 1154 I 1 BGB** von A erworben. Da A geschäftsunfähig war, waren seine Willenserklärungen und damit auch die Einigung hinsichtlich des Abtretungsvertrags über die Forderung gemäß § 105 I BGB nichtig. Ein gutgläubiger Erwerb gemäß § 892 BGB scheidet vorliegend auch aus. Diese Vorschrift hilft nur über die fehlende Berechtigung, nicht aber über die Nichtexistenz eines Rechts aufgrund von Geschäftsunfähigkeit hinweg.

III. Es könnte aber sein, dass C die Hypothek von B erworben hat.

1. Ein Erwerb der Hypothek könnte nach §§ 398, 1154 I 1 **BGB** stattgefunden haben. B hatte jedoch die Forderung und die Hypothek von A nicht erworben (s.o.). Er war somit nicht Inhaber der Hypothek und damit **Nichtberechtigter.** Folglich konnte C die Hypothek nicht gemäß §§ 398, 1154 I 1 BGB erwerben.

2. Da hier jedoch der Erwerb einer Hypothek in Frage steht, könnte der **Forderungserwerb gemäß §§ 1138, 892 I 1 BGB fingiert** werden, wenn die Voraussetzungen der §§ 892 I 1, 1155 BGB im Hinblick auf die Forderung vorliegen.

a. Die Abtretung der Forderung nach § 398 BGB ist ein Rechtsgeschäft im Sinne eines **Verkehrsgeschäfts.**

b. Die Abtretung der Forderung und Hypothek von A auf B wurde im Grundbuch **eingetragen.** Damit führt eine ununterbrochene Kette öffentlich beglaubigter Abtretungserklärungen gemäß § 1155 BGB auf den A zurück.

c. Hinsichtlich des Bestehens der Forderung liegen keine Hinweise vor, dass C **bösgläubig** gewesen ist.

d. Schließlich war **kein Widerspruch** im Grundbuch eingetragen.

e. Folglich hat C in Ansehung der Hypothek die Forderung gemäß §§ 1155, 892 I 1 BGB erworben.

3. Ein Erwerb der Hypothek durch C mit der (fingierten) Forderung gemäß **§§ 398, 1153, 1154 I 1 BGB** scheidet jedoch aus. Wie bereits gezeigt, war B weder Inhaber der Forderung noch der Hypothek, so dass es an seiner Berechtigung zu deren Übertragung fehlte.

4. Es könnte daher nur ein **gutgläubiger Erwerb** der Hypothek mit der (fingierten) Forderung gemäß **§§ 1155, 892 I 1 BGB** vorliegen. Wie bereits dargestellt, liegen die Voraussetzungen eines solchen gutgläubigen Erwerbs vor (s.o.).

5. Damit hat C die Hypothek erworben.

IV. Es könnte nunmehr sein, dass D anschließend von C die Hypothek erworben hat.

1. Dies könnte durch die **Abtretung der Forderung** an den D geschehen sein.

a. D könnte die Hypothek durch die Abtretung der Forderung gemäß **§§ 398, 1153, 1154 I 1 BGB** erworben haben. Dies setzt voraus, dass C Inhaber der Forderung war, was jedoch nicht der Fall war. Der Inhaber der Forderung ist immer noch A. **Die Vorschrift des § 1138 BGB fingiert nur das Bestehen einer Forderung, führt jedoch nicht zu deren gutgläubigem Erwerb.** C war daher nicht Berechtigter, so dass D die Hypothek nicht gemäß §§ 398, 1153, 1154 I 1 BGB erworben hat.

b. Die Fiktion des Forderungserwerbs nach §§ 1155, 892 I 1 BGB scheitert daran, dass die Voraussetzungen des § 1155 BGB nicht vorliegen. Die Abtretung der Forderung von B auf C erfolgte nämlich nicht durch eine öffentlich beglaubigte Abtretungserklärung, sondern durch einen privatschriftlichen Vertrag.

c. Es könnte aber sein, dass C die **Forderung** durch den Erwerb der Hypothek mit erworben hat. Sollte dies der Fall sein, wäre er hinsichtlich der Forderung Berechtigter gewesen, so dass D diese erwerben konnte. Der Forderungsübergang auf C durch den gutgläubigen Erwerb der Hypothek könnte sich aus **§ 1153 II BGB** ergeben, wonach die Forderung und Hypothek untrennbar miteinander verbunden sind.

Die hier festgestellte **Trennung** von Forderung (die bei A verblieben ist) und Hypothek (von C erworben) steht zu dieser Wertung im Widerspruch. Es stellt sich daher die Frage, ob bei einem gutgläubigen Erwerb einer Hypothek die Forderung auf den Erwerber mit übergeht.

aa. Es wird **teilweise vertreten,** dass in Fällen wie dem vorliegenden die **Trennung** zwischen der Forderung und der Hypothek bestehen bleiben soll. Der Schutz des Schuldners vor einer doppelten Inanspruchnahme durch Forderungs- und Hypothekeninhaber sei hinreichend gewahrt. Der Gläubiger der Forderung könne seinen Anspruch nur durchsetzen, wenn er den Hypothekenbrief zurückgibt bzw. die Hypothek löschen lässt (vgl. §§ 1144, 1161, 1160 I BGB).

bb. Die **hM** dagegen geht davon aus, dass der Erwerber der Hypothek auch gemäß § 1153 I BGB die Forderung erwirbt. Der Grundsatz der Akzessorietät hat in diesen Fällen Vorrang vor der Spaltung von Hypothek und Forderung.

cc. Der **hM** ist zu folgen. Der Aspekt des Schuldnerschutzes spricht für diese Auffassung. Der von der erstgenannten Auffassung angeführte Schutzmechanismus für den Schuldner nützt diesem nur, wenn er Kenntnis von der Spaltung hat. Danach hat C durch den gutgläubigen Erwerb der Hypothek auch die Forderung erworben.

d. Damit war C als Inhaber der Forderung zu deren Übertragung **berechtigt.**

2. Mithin hat D die **Forderung** nach § 398 BGB erworben. Dabei ist nach **§ 1153 I BGB auch die Hypothek** auf ihn übergegangen.

3. Folglich ist D Inhaber der Hypothek.

V. D kann daher von S die Duldung der Zwangsvollstreckung aus § 1147 BGB verlangen.

B. Da er auch die Forderung erworben hat, kann D von S darüber hinaus die Rückzahlung der Darlehensraten aus § 488 I 2 BGB verlangen.

C. Da A nicht mehr Inhaber der Darlehensforderung gegen S ist, hat er gegen diesen keinen Anspruch auf Zahlung der Darlehensraten aus § 488 I 2 BGB.

Fall 23: Geisteskrank oder was?

▶ **Standort:** Gutgläubiger Erwerb einer Hypothek, Mängel der Hypothek, Entscheidender Zeitpunkt der Gutgläubigkeit bei § 892 BGB

Der J-Bank steht gegen den Selbständigen S eine Darlehensforderung zu. Da die Geschäfte des S in letzter Zeit etwas schleppend laufen, verlangt die J-Bank zur Absicherung der Darlehensforderung eine Sicherheit. S bestellt der J-Bank deshalb eine Buchhypothek. Nachdem die J als Hypothekarin im Grundbuch eingetragen worden ist, tritt sie die Forderung mit der Hypothek an die K-Bank ab. Einen Tag vor der Eintragung der K als Hypothekarin meldet sich bei ihr der gerichtlich bestellte Betreuer des S und teilt mit, dass S seit längerer Zeit unentdeckt geisteskrank und damit geschäftsunfähig ist. Daraufhin erfolgt die Eintragung im Grundbuch. Wie ist die Rechtslage, wenn ein Gutachten ergibt, dass S zum Zeitpunkt der Bestellung der Buchhypothek geschäftsunfähig war?

A. Anspruch der K gegen S auf Rückzahlung der Darlehensraten aus §§ 398, 488 I 2 BGB
I. Vertragsschluss (+)
II. Auszahlung des Darlehens (+)
III. Erwerb der Forderung durch K, §§ 398, 1154 BGB
1. Vertrag über Forderungsübergang (+)
2. Einhaltung der Form, § 1154 BGB (+)
IV. Zahlungsanspruch K gegen S aus §§ 398, 488 I 2 BGB (+)

B. Anspruch der K gegen S auf Duldung der Zwangsvollstreckung aus § 1147 BGB
I. Abtretung der Forderung, § 398 BGB (+)
II. Einhaltung der Form des § 1154 BGB (+)
III. Eintragung in das Grundbuch, §§ 1154 III, 873 BGB (+)
IV. Berechtigung des Abtretenden (-)
V. Zwischenergebnis: Erwerb der Hypothek (-)
VI. Gutgläubiger Erwerb der Hypothek, §§ 398, 1154, 892 BGB
1. Abtretung, Einhaltung der Form, Eintragung im Grundbuch (+)
2. Überwindung der fehlenden Berechtigung durch § 892 BGB
a. Rechtsgeschäft im Sinne eines Verkehrsgeschäfts (+)
b. Unrichtigkeit des Grundbuchs (+)

c. Legitimation der J aufgrund Eintragung im Grundbuch als Verfügungsberechtigte (+)
d. Gutgläubigkeit des Erwerbers → Problem: entscheidender Zeitpunkt, § 892 BGB, danach Gutgläubigkeit hier (+)
e. Keine Eintragung eines Widerspruchs (+)
3. Zwischenergebnis: gutgläubiger Erwerb der Hypothek durch K (+)
IV. Anspruch K gegen S aus § 1147 BGB (+)

A. K könnte von S die Zahlung der Darlehensraten gemäß §§ 398, 488 I 2 BGB verlangen.

Dies setzt voraus, dass die Darlehensforderung entstanden ist und dass K sie gemäß § 398 BGB von J erworben hat.

I. S und J haben einen **Darlehensvertrag** im Sinne von § 488 I BGB geschlossen.

II. Zudem wurde die **Darlehenssumme** an S ausbezahlt.

III. Diese Darlehensforderung müsste die K gemäß §§ 398, 1154 I 1 BGB erworben** haben.

1. J und K haben gemäß § 398 BGB **vereinbart,** dass die Darlehensforderung auf K übergehen soll.

2. Weiterhin wurde die **Form des § 1154 I, III BGB** eingehalten.

IV. Damit hat K gegen S einen Anspruch auf Zahlung der Darlehensraten aus §§ 398, 488 I 2 BGB.

B. Weiterhin könnte die K von S die Duldung der Zwangsvollstreckung gemäß § 1147 BGB verlangen.

Voraussetzung hierfür ist, dass die K die Hypothek wirksam gemäß §§ 398, 1154 I 1 BGB erworben hat.

I. Wie bereits dargestellt, wurde die Forderung unter Einhaltung der Form gemäß § 1154 I 1 BGB **abgetreten.**

II. Auch erfolgte die **Eintragung** der Hypothek gemäß §§ 1154 III, 873 I BGB in das Grundbuch.

III. Weiterhin müsste J zur Abtretung der Hypothek **berechtigt** gewesen sein. Vorliegend war S bei der Bestellung der Hypothek aber nach § 104 Nr. 2 BGB geschäftsunfähig. Die Folge hiervon ist, dass die Hypothekenbestellung gemäß § 105 I BGB unwirksam ist. Damit war die J nicht Inhaberin einer Hypothek geworden.

IV. Damit hat die K keine Hypothek gemäß §§ 398, 1154 I 1 BGB erworben.

V. Es könnte aber sein, dass die K die Hypothek gemäß §§ 398, 1154 I 1, 892 I BGB **gutgläubig** erworben hat.

1. Es liegen eine formgemäße **Abtretung** sowie die **Eintragung** der Hypothek im Grundbuch vor.

2. Die fehlende Berechtigung der J könnte durch § 892 I BGB **überwunden** worden sein.

a. Die Abtretung der Forderung stellt ein Rechtsgeschäft im Sinne eines **Verkehrsgeschäfts** dar. Auch wenn der Übergang der Hypothek auf § 1154 BGB beruht, ist ihr Erwerb vorrangig durch das Rechtsgeschäft der Abtretung bedingt.

b. Auch war das **Grundbuch unrichtig**. Es war eine Hypothek zugunsten der J eingetragen, obwohl diese nicht bestellt worden war.

c. Aufgrund dieser unrichtigen Grundbucheintragung ist die J **als Verfügungsberechtigte legitimiert**.

d. Schließlich musste die K beim Erwerb der Hypothek **gutgläubig** gewesen sein. Dies erscheint hier problematisch, denn einen Tag vor der Eintragung der Hypothek erlangte die K Kenntnis von der Unwirksamkeit der Hypothekenbestellung. Grundsätzlich muss die Gutgläubigkeit **zum Zeitpunkt des Rechtserwerbs** vorliegen.

Abzustellen wäre demnach auf die Eintragung des Forderungs- und Hypothekenübergangs auf die K im Grundbuch. Danach würde es hier an der Gutgläubigkeit der K fehlen.

Hier ist aber **§ 892 II BGB** zu beachten. Nach dieser Vorschrift kommt es auch auf die Kenntnis des Erwerbers **zum Zeitpunkt der Antragstellung** auf Eintragung im Grundbuch an. Zu diesem Zeitpunkt war die K aber ohne Kenntnis von der Unwirksamkeit der Hypothekenbestellung. Damit war die K beim Erwerb der Hypothek gutgläubig.

e. Schließlich war auch **kein Widerspruch** im Grundbuch eingetragen.

3. Damit hat die K die Hypothek gemäß §§ 398, 1154 I 1, 892 I BGB **gutgläubig erworben.**

V. Die K hat einen Anspruch gegen S auf Duldung der Zwangsvollstreckung aus § 1147 BGB.

C. Die K kann von S damit die Zahlung der Darlehensraten sowie die Duldung der Zwangsvollstreckung verlangen.

📖 Skript „Einführung in das Sachenrecht 2", Lektion 2
📖 Schreiber, **Jura** 2002, 103 ff. (Hypothek – Grundlagenwissen)
📖 Reischel, **JuS** 1998, 125 ff. (Hypothek – Grundfälle)

Fall 24: Geisteskrank oder was? Teil II

▶ **Standort:** Gutgläubiger Erwerb einer Hypothek, Mangel der Hypothek und Forderung (Doppelmangel)

> Wie ist die Rechtslage in Fall 23, wenn das Gutachten ergibt, dass S bereits bei Abschluss des Darlehensvertrags geschäftsunfähig war?

A. Anspruch der K gegen S auf Zahlung der Darlehensraten aus §§ 398, 488 I 2 BGB
I. Einigung über Forderungsübergang, § 398 (+)
II. Einhaltung der Form (+)
III. Berechtigung der J-Bank (-)
IV. Zwischenergebnis: Forderungserwerb, §§ 398, 1154 BGB (-)
V. Forderungserwerb vom Nichtberechtigten möglich?
1. Gutgläubiger Erwerb gemäß § 405 BGB (-)
2. Gutgläubiger Erwerb gemäß § 892 BGB (-)
3. Gutgläubiger Erwerb gemäß §§ 1138, 892 BGB (-)
4. Zwischenergebnis: Kein gutgläubiger Erwerb der Forderung durch die K-Bank
VI. Ergebnis: Anspruch der K gegen S aus §§ 398, 488 I 2 BGB (-)

B. Anspruch der K gegen S auf Duldung der Zwangsvollstreckung aus § 1147 BGB
I. Erwerb der Hypothek gemäß §§ 398, 1154, 1153 BGB
1. Einigung über Forderungsübergang, Form des § 1154 BGB, Eintragung im Grundbuch (+)
2. Überwindung der fehlenden Berechtigung der J (keine existente Forderung) durch §§ 1138, 892 BGB?
a. Rechtsgeschäft iSe Verkehrsgeschäfts (+)
b. Unrichtigkeit des Grundbuchs (+)
c. Verfügende J war als Inhaberin der Forderung legitimiert (+)
d. Gutgläubigkeit der K (+) → § 892 BGB
e. Kein Widerspruch im Grundbuch eingetragen (+)
f. Zwischenergebnis: Fiktion des Forderungsübergangs (+)
3. Berechtigung der K hinsichtlich der Hypothek (-)
4. Überwindung der fehlenden Berechtigung durch § 892 BGB
a. Rechtsgeschäft iSe Verkehrsgeschäfts (+)
b. Unrichtigkeit des Grundbuchs (+)
c. Verfügende J durch Grundbuch als Berechtigte legitimiert (+)
d. Gutgläubigkeit der K (+) -
e. Kein Widerspruch eingetragen (+)
f. Zwischenergebnis: Gutgläubiger Erwerb der Hypothek (+)
II. Ergebnis: Anspruch der K gegen S aus § 1147 BGB (+)

A. K könnte gegen S einen Anspruch auf Zahlung der Darlehensraten aus §§ 398, 488 I 2 BGB haben.

Ein solcher Anspruch setzt voraus, dass K die Forderung von J gemäß §§ 398, 1154 I 1 BGB wirksam erworben hat.

I. J und K haben eine **Vereinbarung** dahingehend getroffen, dass K die Darlehensforderung der J gegen S erwerben soll.

II. Auch wurde die von § 1154 I 1 BGB geforderte **Form** eingehalten.

III. Weiterhin müsste J zur Übertragung der Forderung **berechtigt** gewesen sein. Hier liegt der Fall so, dass S bereits beim Abschluss des Darlehensvertrages geisteskrank war, so dass dieser Vertrag gemäß § 105 I BGB nichtig ist. Damit besteht auch keine Forderung der J gegen S. Somit war J niemals Inhaber der Forderung.

IV. Damit hat K die Darlehensforderung nicht gemäß §§ 398, 1154 I 1 BGB von J erworben.

V. Es kommt daher nur ein **gutgläubiger Forderungserwerb** der K in Betracht, der aber nur in Ausnahmefällen zulässig ist. Grundsätzlich gibt es keinen gutgläubigen Erwerb an Forderungen.

1. Ein gutgläubiger Forderungserwerb **nach § 405 BGB** scheidet vorliegend aus. Es fehlt an einer **Urkunde**, mit der das Bestehen der Forderung bewiesen wird.

2. Auch kommt ein gutgläubiger Erwerb gemäß **§ 892 I BGB** nicht in Betracht. Diese Vorschrift kann auf eine Forderung nicht angewendet werden, da diese kein dingliches Recht ist.

3. Schließlich ergibt sich aus **§§ 1138, 892 I BGB** kein gutgläubiger Forderungserwerb der K. § 1138 BGB fingiert unter den Voraussetzungen des § 892 I BGB nur das Bestehen einer Forderung, um den Erwerb einer Hypothek zu ermöglichen. Der Erwerber erlangt durch diese Vorschrift aber keine Forderung gegen den Schuldner.

4. Damit scheidet auch ein gutgläubiger Erwerb der Forderung durch K aus.

VI. K kann von S daher nicht die Zahlung der Darlehensraten aus §§ 398, 488 I 2 BGB verlangen.

B. K könnte gegen S aber einen Anspruch auf Duldung der Zwangsvollstreckung aus § 1147 BGB haben.

I. Dies setzt voraus, dass die K die Hypothek von J gemäß §§ 398, 1153, 1154 I 1 BGB erworben hat.

1. K und J haben sich nach § 398 BGB über den Übergang der Darlehensforderung der J gegen S auf K **geeinigt**. Dabei haben sie die von § 1154 I 1 BGB geforderte **Form** eingehalten.

2. Allerdings ist die Darlehensforderung der J wegen der Geschäftsunfähigkeit nicht entstanden (s.o.). Daher konnte – wie bereits ausgeführt wurde – auch keine Forderung übertragen werden. Wegen dieses fehlenden Forderungsüberganges wäre ein Übergang der Hypothek gemäß § 1153 BGB an sich ausgeschlossen. Da hier aber der Erwerb einer Hypothek in Frage steht, **könnte das Bestehen der Forderung nach §§ 1138, 892 I 1 BGB fingiert** werden.

a. Die Abtretung der Forderung stellt ein Rechtsgeschäft im Sinne eines **Verkehrsgeschäfts** dar.

b. Die J war als Inhaberin der Forderung im Grundbuch **eingetragen** worden. Da die Forderung nicht existierte, war diese Eintragung **unrichtig.**

c. Durch diese falsche Grundbucheintragung war J als Inhaberin der Forderung und damit als Berechtigte legitimiert.

104

d. Die K war zum Zeitpunkt der Eintragung der Hypothek im Grundbuch **gutgläubig;** dem Sachverhalt lassen sich keine gegenteiligen Anzeichen entnehmen.

e. Schließlich war auch **kein Widerspruch** im Grundbuch eingetragen.

f. Damit wurde der Übergang der Forderung gemäß §§ 1138, 892 I BGB fingiert.

3. Damit konnte die Hypothek gemäß § 1153 I BGB auf K übergehen. Dies ist aber nur der Fall, wenn die J auch Inhaberin der Hypothek gewesen ist. Vorliegend war jedoch die Bestellung der Hypothek wegen der Geschäftsunfähigkeit des S gemäß **§ 105 I BGB unwirksam**, so dass die J überhaupt keine Hypothek erworben hat.

4. Diese **fehlende Berechtigung** der J bezüglich der Hypothek könnte aber gemäß **§ 892 I BGB** überwunden worden sein.

a. Die Abtretung der Forderung und der mit ihr einhergehende Übergang der Hypothek stellt ein Rechtsgeschäft im Sinne eines **Verkehrsgeschäfts** dar.

b. Da J als Inhaber der Hypothek eingetragen war, war das Grundbuch insofern **unrichtig**.

c. Durch diese falsche Eintragung war die J als zur Verfügung **Berechtigte legitimiert**.

d. Die K hatte **keine Kenntnis** davon, dass die Hypothek nicht wirksam bestellt worden war. Sie war folglich **gutgläubig**.

e. Schließlich war auch **kein Widerspruch** im Grundbuch eingetragen.

f. K hat damit gemäß § 892 I BGB gutgläubig die Hypothek erworben.

II. Sie kann daher von S die Duldung der Zwangsvollstreckung gemäß § 1147 BGB verlangen.

📖 Skript „Einführung in das Sachenrecht 2", Lektion 2
📖 Schreiber, **Jura** 2002, 103 ff. (Hypothek – Grundlagenwissen)
📖 Reischel, **JuS** 1998, 125 ff. (Hypothek – Grundfälle)

Fall 25: Geisteskrank oder was? Teil III

▸ **Standort:** Gutgläubiger Erwerb einer Hypothek, Mängel der Hypothek

> Wie ist die Rechtslage in Fall 24, wenn die Hypothek nicht von S, sondern von dessen Bekannten X bestellt wird?

A. Anspruch der K gegen S auf Rückzahlung der Darlehensraten aus §§ 398, 488 I 2 BGB (-)

B. Anspruch der K gegen X auf Duldung der Zwangsvollstreckung aus § 1147 BGB
I. Voraussetzungen §§ 398, 1154 BGB (+), bis auf Bestehen der Forderung (s.o.)
II. Überwindung der fehlenden Forderung durch §§ 1138, 892 BGB
1. Rechtsgeschäftlicher Erwerb der Forderung (+)
2. Unrichtigkeit des Grundbuchs hinsichtlich der Forderung (+)
3. Legitimation der J als Verfügende hinsichtlich der Forderung (+)
4. Gutgläubigkeit der K (+)
5. Kein Widerspruch eingetragen (+)
6. Zwischenergebnis: Fiktion der Forderung (+)
III. Übergang der Hypothek gemäß § 1153 I BGB bei fingiertem Forderungserwerb
IV. Ergebnis: Anspruch der K gegen X aus § 1147 BGB (+)

A. Die K könnte gegen S einen Anspruch auf Zahlung der Darlehensraten aus §§ 398, 488 I 2 BGB haben.

Da S bei Abschluss des Darlehensvertrags geisteskrank war, ist der Vertrag gemäß § 105 I BGB unwirksam. Daher fehlt es an einer abzusichernden Forderung, die übertragen werden könnte. Ein Anspruch der K auf Zahlung der Darlehensraten scheidet deswegen aus den in Fall 24 dargestellten Gründen aus.

B. Die K könnte von X aber möglicherweise die Duldung der Zwangsvollstreckung gemäß § 1147 BGB verlangen.

Dies wäre dann der Fall, wenn K von J die Hypothek gemäß §§ 398, 1154 I 1 BGB erworben hätte.

I. Die Voraussetzungen der §§ 398, 1154 I 1 BGB liegen bis auf eine bestehende Forderung (s.o.) vor.

II. Dieses Fehlen der Forderung steht einem Erwerb jedoch nicht entgegen, wenn nach §§ 1138, 892 I BGB die Forderung **fingiert** werden kann.

1. Es liegt ein rechtsgeschäftlicher Erwerb der Forderung im Sinne eines **Verkehrsgeschäfts** vor.

2. Im Grundbuch ist J fälschlicherweise als Inhaber der Forderung **eingetragen** worden.

3. Aufgrund dieser unrichtigen Grundbucheintragung war die J hinsichtlich der Forderung als Verfügende **legitimiert.**

4. Die K war **gutgläubig.**

5. Auch war **kein Widerspruch** im Grundbuch eingetragen.

6. Damit wurde die Forderung gemäß §§ 1138, 892 I BGB als bestehend fingiert.

III. Bei diesem fingierten Übergang der Forderung von J auf K ging gemäß **§ 1153 I BGB die Hypothek mit auf K über.**

IV. Als Inhaber der Hypothek kann K damit von X die Duldung der Zwangsvollstreckung gemäß § 1147 BGB verlangen.

📖 Skript „Einführung in das Sachenrecht 2", Lektion 2
📖 Schreiber, **Jura** 2002, 103 ff. (Hypothek – Grundlagenwissen)
📖 Reischel, **JuS** 1998, 125 ff. (Hypothek – Grundfälle)

Fall 26: Verbandsfreiheit

▶ **Standort:** Haftungsverband der Hypothek , §§ 1120 ff. BGB

S betreibt ein Bauunternehmen, das in letzter Zeit leider nicht mehr gut läuft. Daher kann er die Raten für ein Darlehen, das er von der W-Bank erhalten hatte, nicht mehr bezahlen. Die W hatte sich aber durch die Bestellung einer Hypothek an dem Betriebsgrundstück des S für solche Fälle abgesichert. Da der Sicherungsfall eingetreten ist, lässt die W vom zuständigen Gericht ordnungsgemäß die Zwangsversteigerung anordnen. Bei der Versteigerung des Betriebsgrundstücks erhält K den Zuschlag. Zwei Wochen später sieht K den Transporter, der bisher in der Garage auf dem Betriebsgrundstück stand und der früher Baumaterialien von und zu dem Grundstück transportiert hat, in der Stadt herumfahren. Er hält den Wagen an und fragt dessen Fahrer D, warum er mit seinem Eigentum unterwegs sei. D ist vollkommen verwundert. Er behauptet, selbst der Eigentümer zu sein, schließlich habe er den Transporter sechs Wochen zuvor von S gekauft. Dabei habe S ihm alle Papiere (Fahrzeugschein und –brief) sowie die Schlüssel übergeben. Da er am nächsten Tag in den Urlaub fahren wollte, habe er mit S abgemacht, dass er den Transporter nach seiner Rückkehr einfach aus der Garage des S holen sollte. Dieses habe er nach seiner Rückkehr vor drei Wochen auch so gemacht. Von der Beschlagnahme des Betriebsgrundstücks vor fünf Wochen und der Zwangsversteigerung und davon, dass auch ein Zwangsversteigerungsvermerk im Grundbuch eingetragen sei, erfahre er heute zum ersten Mal. Hat K gegen D einen Herausgabeanspruch, wenn der Vortrag des D der Wahrheit entspricht?

Herausgabeanspruch des K gegen D aus § 985 BGB
A. Eigentum des K am Transporter
I. Ursprüngliches Eigentum des S
II. Eigentumserwerb des K durch Zuschlag bei Versteigerung,
§ 90 I, II ZVG
1. Transporter als Zubehör des Grundstücks, § 1120 BGB (+)

2. Enthaftung gem. § 1121 BGB
a. Veräußerung gem. § 929 S. 1 BGB
b. Entfernung nach Beschlagnahme § 1121 II BGB
3. Eigentumserwerb des K durch Zuschlag bei Versteigerung,
   § 90 I, II ZVG (+) → Eigentum des K
B. Herausgabeanspruch des K gegen D aus § 985 BGB (+)

Ein Herausgabeanspruch des K gegen D könnte sich aus § 985 BGB ergeben.

A. Hierfür müsste K **Eigentümer** des Transporters sein.

I. Ursprünglich stand der Transporter im Eigentum des S.

II. K könnte aber durch den Zuschlag bei der Versteigerung gemäß **§ 90 I, II ZVG** das Eigentum an dem Wagen erworben haben. Gemäß **§ 90 II ZVG** erwirbt der Ersteher das Eigentum an allen Gegenständen, auf die sich die Versteigerung erstreckt hat. Nach **§ 55 I ZVG** erstreckt sich die Versteigerung auf alle Gegenstände, die von der Beschlagnahme erfasst wurden. Unter Beschlagnahme wird der Beschluss des Vollstreckungsgerichts verstanden, der gemäß **§ 20 I ZVG** die Zwangsversteigerung des Grundstücks anordnet. Aus **§ 20 II ZVG** ergibt sich wiederum, dass die Beschlagnahme diejenigen Gegenstände umfasst, auf die sich bei einem Grundstück die Hypothek erstreckt. Auf welche Gegenstände sich die Hypothek erstreckt, ergibt sich aus **§§ 1120 ff. BGB.**

Das bedeutet, dass K das Eigentum durch den Zuschlag erworben hat, sofern der Transporter gemäß **§ 1120 BGB** in den **Haftungsverband der Hypothek** fällt.

1. Der Transporter könnte als **Zubehör** des Grundstücks im Sinne von § 1120 BGB einzuordnen sein. Nach § 97 BGB versteht man unter Zubehör eine bewegliche Sache, die dem wirtschaftlichen Zweck der Hauptsache dient, ohne Bestandteil der Hauptsache zu sein. Der Transporter ist kein Bestandteil des Betriebsgrundstücks im Sinne von §§ 93, 94 BGB.

Er dient dem wirtschaftlichen Zweck des Betriebsgrundstücks, da er dazu benutzt wurde, Baumaterialien von und zu dem Grundstück zu transportieren. Damit ist er Zubehör des Grundstücks und fällt in den Haftungsverband der Hypothek.

2. Eine Enthaftung kann nur unter den Voraussetzungen der §§ 1121, 1122 erfolgen. Hier kommt eine Enthaftung gemäß § 1121 II BGB in Betracht.

a. S und D haben sich sechs Wochen zuvor über den Eigentumsübergang am Fahrzeug **geeinigt.** Durch Erhalt der Kfz-Papiere und der Schlüssel hat D gem. § 854 II BGB zumindest Besitz am Transporter erlangt. Die Verfügungsgewalt des S war durch die Bestellung der Hypothek nicht beschränkt, so dass eine Übereignung gem. § 929 S. 1 BGB und damit eine **Veräußerung** i. S. d. § 1121 II vorliegt.

b. Als D den Transporter vom Grundstück **entfernte**, war dieses bereits **beschlagnahmt.** Er kann sich mithin nicht darauf berufen, dass er von der Hypothek nichts wusste (§ 1121 II 1 BGB). Die Haftung des Transporters wäre allerdings erloschen, wenn D in Bezug auf die Beschlagnahme gutgläubig gewesen wäre (§ 1121 II 2 BGB). Zwar wusste D nichts von der Zwangsversteigerung. Er kann sich aber nicht auf seine Gutgläubigkeit berufen, da ein Zwangsversteigerungsvermerk bereits eingetragen war. Der Transporter ist also nicht enthaftet worden und fällt weiterhin in den Haftungsverband.

3. K hat somit Eigentum an dem Transporter gemäß § 90 I, II ZVG erworben.

B. K kann somit von Besitzer D die Herausgabe des Transporters gemäß § 985 BGB verlangen.

📖 Skript „Einführung in das Sachenrecht 2", Lektion 2
📖 Schreiber, **Jura** 2002, 103 ff. (Hypothek – Grundlagenwissen)
📖 Reischel, **JuS** 1998, 125 ff. (Hypothek – Grundfälle)
📖 Eckhart, **Jura** 1997, 439 ff. (Haftungsverband – Klausur)

Fall 27: Aufgemerkt, wenn vorgemerkt!

▸ **Standort:** Vormerkung, § 883 BGB, Entstehungsvoraussetzungen, Rechte des Vormerkungsberechtigten

A verkauft dem B notariell ein Grundstück. Gleichzeitig bewilligt er dem B die Eintragung einer Vormerkung zur Sicherung des Auflassungsanspruchs. Nachdem die Vormerkung eingetragen wurde, bestellt A zugunsten der C-Bank zur Absicherung eines Darlehens eine Grundschuld an dem Grundstück. Als B hiervon erfährt, ist er darüber nicht sonderlich amüsiert. Er verlangt von der C die Zustimmung zur Löschung der Grundschuld. Zu Recht?

Anspruch des B gegen die C-Bank auf Zustimmung zur Löschung der Grundschuld aus § 888 BGB
A. Entstehung einer Vormerkung
I. Bestehen eines sicherungsfähigen Anspruchs (+)
II. Bewilligung des Betroffenen A (+)
III. Eintragung der Vormerkung im Grundbuch (+)
IV. Berechtigung des bewilligenden A (+)
V. Zwischenergebnis: B hat eine wirksame Vormerkung erlangt
B. Anspruchsbeeinträchtigende Verfügung des A?
I. Verfügung (+)
II. Beeinträchtigung des Anspruchs (+)
C. Zwischenergebnis: Bestellung der Grundschuld durch A
   gegenüber B unwirksam, § 883 II BGB
D. Ergebnis: Anspruch B gegen C-Bank aus § 888 BGB (+)

B könnte von C gemäß § 888 I BGB die Zustimmung zur Löschung der Grundschuld verlangen.

Dieser Anspruch besteht, soweit die Bestellung der Grundschuld gegenüber B unwirksam ist. Dies ist gemäß **§ 883 II BGB** der Fall, wenn nach Eintragung einer Vormerkung eine Verfügung vorliegt, die den durch die Vormerkung gesicherten Anspruch beeinträchtigen würde.

A. Es muss eine wirksame **Vormerkung gemäß § 883 I BGB** zugunsten des B entstanden sein.

I. Hierfür muss ein **sicherungsfähiger Anspruch** des B bestehen. Gemäß § 433 I BGB hat B gegen A einen Anspruch auf Übereignung des Grundstücks frei von Sach- und Rechtsmängeln. Dieser Anspruch auf Übertragung von unbelastetem Eigentum ist ein sicherungsfähiger Anspruch im Sinne von § 883 I BGB.

II. Auch hat A als Betroffener die Eintragung der Vormerkung **bewilligt**.

III. Die Vormerkung wurde im Grundbuch **eingetragen**.

IV. Da A der Eigentümer des Grundstücks ist, war er auch zur Bewilligung der Eintragung **berechtigt**.

V. B hat damit wirksam eine Vormerkung erlangt.

B. Die Bestellung der Grundschuld zugunsten der C müsste eine anspruchsbeeinträchtigende **Verfügung des A** darstellen.

I. Unter **Verfügung** versteht man jede Aufhebung, Übertragung, Belastung oder Inhaltsänderung eines Rechts. Durch die Bestellung einer Grundschuld wird das Eigentumsrecht belastet. Sie stellt damit eine Verfügung dar.

II. Durch diese Belastung des Eigentums wird der Anspruch des B auf Übertragung lastenfreien Eigentums **beeinträchtigt**.

C. Die Bestellung der Grundschuld durch A ist gegenüber B gemäß § 883 II BGB unwirksam.

D. Damit kann B von der C gemäß § 888 I BGB die Zustimmung zur Löschung der Grundschuld verlangen.

📖 Skript „Einführung in das Sachenrecht 2", Lektion 4
📖 Stamm, **JuS** 2003, 48 ff. (Grundlagenwissen)

Fall 28: Überforderung

▶ **Standort:** Vormerkung, § 883; gutgläubiger Erwerb einer Vormerkung; Rechte des Vormerkungsberechtigten

A verkauft dem B mit notariellem Vertrag ein Grundstück für 120.000 €. Da in der Kanzlei des beurkundenden Notars extrem viel zu tun ist, veranlasst die vor Arbeitsüberlastung verwirrte Bürovorsteherin irrtümlich die Eintragung einer Vormerkung im Grundbuch. Kurze Zeit nach der Eintragung der Vormerkung tritt B seinen Anspruch auf Übertragung des Grundstücks an C ab. Zwischenzeitlich ist der Wert des Grundstücks sehr stark gestiegen, weil es in einem Gebiet liegt, das als neues Bauland ausgewiesen ist. Als ihm ein Interessent (D) das 10-fache des ursprünglichen Preises bietet, kann A nicht widerstehen. Er geht mit D zu einem anderen Notar. Dort schließen sie einen notariellen Kaufvertrag ab und erklären die Auflassung.
Nachdem D als Eigentümer im Grundbuch eingetragen worden ist, möchte C die Wertsteigerung „seines" Grundstücks (inzwischen ist der Wert auf das 15-fache gestiegen) realisieren. C verlangt von A die Übereignung des Grundstücks. A weist dieses Anliegen unter Hinweis auf die Veräußerung des Grundstücks an D zurück. Welche Ansprüche hat C?

A. Anspruch des C gegen A auf Übereignung des Grundstücks aus § 433 I BGB
I. Kaufvertrag zwischen A und B (+)
II. Abtretung des Übereignungsanspruchs, § 398 BGB (+)
III. Erlöschen des Anspruchs wegen Unmöglichkeit, § 275 I BGB?
1. Auflassung, § 925 BGB (+)
2. Eintragung, § 873 BGB (+)
3. Berechtigung des A (+)
4. Zwischenergebnis: Eigentumsverlust des A an D (+)
5. Relative Unwirksamkeit der Eigentumsübertragung (Verhältnis A-C), § 883 II BGB
a. Erwerb der Vormerkung, §§ 398, 401 BGB (-)
b. Gutgl. Erwerb der Vormerkung durch C
aa. Anwendbarkeit des § 892 BGB? Umstr. → nach hM analog (+)
bb. Voraussetzungen des § 892 BGB analog (+)

cc. Zwischenergebnis: Gutgl. Erwerb der Vormerkung (+)

c. Beeinträchtigung des Auflassungsanspruchs, § 883 II BGB (+)

d. Zwischenergebnis: Relative Unwirksamkeit der Eigentumsübertragung an D (+) → Eigentumsverlust des A im Verhältnis zu C (-)

6. Zwischenergebnis: Erlöschen des Anspruchs gemäß § 275 I BGB (-)

IV. Ergebnis: Anspruch des C gegen A aus § 433 I BGB (+)

B. Anspruch des C gegen D auf Zustimmung zur Eintragung des C als Eigentümer, § 888 BGB (+)

A. C könnte von A die Übereignung des Grundstücks aus § 433 I 1 BGB verlangen.

C und A haben jedoch keinen Kaufvertrag geschlossen. Es könnte aber sein, dass C diese Forderung durch Abtretung von B erworben hat.

I. A und B haben einen formwirksamen **Kaufvertrag** über das Grundstück geschlossen. Damit ist der Übereignungsanspruch entstanden.

II. Diesen Anspruch hat B gemäß **§ 398 BGB** an C **abgetreten,** so dass C Inhaber der Forderung geworden ist.

III. Die Erfüllung des Anspruchs könnte für A aber **unmöglich** geworden sein. In diesem Fall wäre seine Übereignungspflicht gemäß **§ 275 I BGB** erloschen. Die Erfüllung des Anspruchs aus § 433 I 1 BGB wäre für A unmöglich, wenn er nicht mehr Eigentümer des Grundstücks wäre.

Es könnte sein, dass A das Eigentum an dem Grundstück gemäß **§§ 873 I, 925 I BGB** an D verloren hat.

1. A und D haben **gemäß § 925 I BGB** wirksam die **Auflassung** erklärt.

2. Auch erfolgte **gemäß § 873 I BGB die Eintragung** des D als Eigentümer im Grundbuch.

3. Fraglich ist jedoch, ob A überhaupt zur Übertragung des Eigentums **berechtigt** gewesen ist, da eine Vormerkung zugunsten des B im Grundbuch eingetragen ist.

Diese Vormerkung begründet allerdings kein absolutes Verfügungsverbot. Damit liegt die Berechtigung des A vor.

4. Somit ist D Eigentümer des Grundstücks geworden.

5. Allerdings könnte die Eigentumsübertragung auf den D gemäß § **883 II BGB** im Verhältnis zu C unwirksam sein. C könnte nämlich die Vormerkung mit der Abtretung des Anspruchs aus § 433 I 1 BGB erworben haben. Sollte die Eigentumsübertragung auf D den Übertragungsanspruch des C beeinträchtigen, so wäre sie gegenüber C unwirksam. Das würde bedeuten, dass A gegenüber C das Eigentum an dem Grundstück nicht verloren hätte, so dass keine Unmöglichkeit im Sinne von § 275 I BGB gegeben wäre.

a. C müsste die **Vormerkung** gemäß §§ 398, 401 I BGB von B **erworben** haben. Hierfür müsste sie wirksam entstanden sein. Dies ist hier aber nicht der Fall. Es fehlt an der nach § 885 I BGB erforderlichen Bewilligung der Eintragung durch A. Da die Vormerkung damit nicht entstanden ist, konnte sie auch nicht gemäß § 401 I BGB durch die Abtretung mit übergehen.

b. Es stellt sich aber die Frage, ob C die Vormerkung nicht gemäß § 892 I BGB **gutgläubig** erworben hat.

aa. Ein gutgläubiger Erwerb der Vormerkung über die direkte Anwendung des § 892 I BGB scheidet aus. Die Vormerkung ist nämlich kein dingliches Recht im Sinne dieser Vorschrift. Damit kommt nur eine **analoge Anwendung des § 892 BGB** in Betracht. Ob diese Regelung in den Fällen des sog. **gutgläubigen Zweiterwerbs** einer Vormerkung analog anwendbar ist, ist **umstritten.**

(1) Nach **einer Auffassung** ist eine analoge Anwendung des § 892 I BGB in diesen Fällen nicht möglich. Der Haupteinwand hiergegen ist, dass die Vormerkung nicht – wie von § 892 I BGB gefordert – per Rechtsgeschäft, sondern per Gesetz (vgl. § 401 BGB) übergeht.

(2) Die **hM** dagegen bejaht eine analoge Anwendung des § 892 I BGB. Die Vormerkung gehe zwar nach § 401 I BGB auf den Erwerber des Anspruchs über, die Grundlage hierfür sei aber die Abtretung. Damit beruhe der Übergang letztlich auf einem Rechtsgeschäft. Dass es an der Bewilligung fehlt, stehe nicht entgegen, da dies gerade die dingliche und nicht die schuldrechtliche Seite berühre.

(3) Bei funktioneller Betrachtung stellen der Anspruch und die Vormerkung eine Einheit dar. Damit beruht die Übertragung der Vormerkung letztlich auf einem Rechtsgeschäft. Daher ist der hM zu folgen und § 892 I BGB analog anwendbar.

bb. Die Voraussetzungen des § 892 I BGB analog liegen vor. Der Übergang der Vormerkung basiert auf einem Rechtsgeschäft im Sinne eines Verkehrsgeschäfts (s.o.). Die Vormerkung ist zugunsten des B im Grundbuch eingetragen. Schließlich war C bei der Eintragung der Vormerkung gutgläubig und es ist auch kein Widerspruch im Grundbuch eingetragen.

cc. Somit hat C gutgläubig eine Vormerkung erworben.

c. Die Übereignung des Grundstücks durch A an D stellt eine **Verfügung** dar, die den Anspruch des C auf Übereignung des Grundstücks beeinträchtigt.

d. Die Folge ist, dass diese Übereignung gegenüber C gemäß **§ 883 II BGB unwirksam** ist. Damit liegt kein Eigentumsverlust des A im Verhältnis zu C vor.

6. Somit ist die Verpflichtung des A zur Übereignung des Grundstücks an C aus § 433 I 1 BGB nicht gemäß § 275 I BGB erloschen.

IV. C kann daher von A die Übereignung des Grundstücks gemäß § 433 I 1 BGB verlangen.

B. Weiterhin kann C von D die Zustimmung zu seiner Eintragung als Eigentümer im Grundbuch gemäß § 888 I BGB verlangen.

▸ **Literatur**

📖 Skript „Einführung in das Sachenrecht 2", Lektion 4

📖 Stamm, **JuS** 2003, 48 ff. (Grundlagenwissen)

📖 Schreiber, **Jura** 1994, 493 ff. (Gutgläubiger Erwerb – Grundl.)

Fall 29: Besser spät als nie

▶ **Standort:** Grundbuchberichtigungsanspruch, § 894 BGB, Eigentumserwerb an einem Grundstück, §§ 873, 925 BGB

V möchte, nachdem er in Rente gegangen ist, noch einmal etwas erleben und um die Welt reisen. Er verkauft deshalb sein Grundstück samt Haus an K. Kurz nachdem V und K die Auflassung notariell beurkunden lassen haben, kommt V bei einem Verkehrsunfall ums Leben. Einen Antrag auf Eintragung der Auflassung haben V und K nicht mehr stellen können. Später wurde S, der Sohn des V und dessen Alleinerbe, als Eigentümer des Grundstücks im Grundbuch eingetragen. Kurze Zeit später verlangt K seine Eintragung als Eigentümer des Grundstücks im Grundbuch. Zur Legitimation legt er die Auflassungserklärung des V vor. Als S hiervon hört, ist er außer sich. Er ist der Auffassung, dass sich die Auflassung mit dem Tod des V „erledigt" habe.

Rein vorsorglich widerruft S aber noch gegenüber K und dem Grundbuchamt die von V abgegebenen Erklärungen. Trotzdem trägt der zuständige Beamte beim Grundbuchamt K als Eigentümer des Grundstücks ein. S verlangt jetzt die Berichtigung des Grundbuchs. Zu Recht?

Anspruch des S gegen K auf Zustimmung zur Grundbuchberichtigung aus § 894 BGB
A. Unrichtigkeit des Grundbuchs (+), wenn K nicht Eigentümer des Grundstücks ist
I. Ursprünglicher Eigentümer: V
II. Eigentumserwerb des K, §§ 873, 925 BGB?
1. Auflassung, § 925 BGB (+)
2. Eintragung in das Grundbuch (+)
3. Einigsein im Zeitpunkt der Eintragung, § 873 II BGB?
a. Weiterwirkung der Auflassungserklärung gem. § 130 II BGB analog (+)
b. Bindung des § 873 II; Widerruf nicht möglich
c. Zwischenergebnis: Einigsein im Zeitpunkt der Eintragung (+)
4. Berechtigung des Verfügenden (+)
5. Zwischenergebnis: Eigentumserwerb des K (+)
B. Ergebnis: Anspruch aus § 894 BGB (-)

S könnte gegen K einen Anspruch auf Zustimmung zur Berichtigung des Grundbuches aus § 894 BGB haben.

A. Voraussetzung hierfür ist, dass der Inhalt des Grundbuches unrichtig ist. Dies ist dann der Fall, wenn K nicht Eigentümer des Grundstücks ist.

I. Ursprünglich war V **Eigentümer** des Grundstücks.

II. Allerdings könnte K das Eigentum an dem Grundstück gemäß §§ 873 I, 925 I BGB erworben haben. Hierfür müsste eine Auflassung sowie die Eintragung des K als Eigentümer im Grundbuch vorliegen.

1. Eine **Auflassung** im Sinne des § 925 I BGB liegt laut Sachverhalt vor.

2. Auch erfolgte die **Eintragung** des K als Grundstückseigentümer im Grundbuch.

3. Weiterhin ist gemäß § 873 II BGB erforderlich, dass die Einigung zwischen K und V zum Zeitpunkt der Eintragung fortwirkte (Einigsein). Dies ist hier fraglich, da V vor der Eintragung des K verstorben ist und sein Erbe S alle Willenserklärungen des V widerrufen hat.

a. Es könnte aber sein, dass die Auflassungserklärung des V gemäß § 130 II BGB weiterwirkt. Eine direkte Anwendung dieser Vorschrift ist nicht möglich. Sie regelt nur den Fall, dass der Erklärende zwischen der Abgabe und dem Zugang einer Willenserklärung verstirbt. Aus § 130 II BGB kann aber der *Rechtsgedanke* hergeleitet werden, dass der Tod des Erklärenden keinen Einfluss auf eine wirksam gewordene Willenserklärung hat. Daher kann die Vorschrift *analog* angewendet werden. Deswegen ist der vorliegende Fall so zu behandeln, als habe S als Erbe des V das Grundstück an K aufgelassen.

b. Fraglich ist aber, ob die Auflassung von S wirksam widerrufen worden ist. Wenn dem so wäre, würde die Einigung zum Zeitpunkt der Eintragung nicht fortgewirkt haben. Hier muss jedoch beachtet werden, dass die Auflassung notariell beurkundet wurde. Diese Beurkundung hat zur Folge, dass die Auflassung gemäß **§ 873 II BGB** nicht mehr einseitig widerrufen werden kann. Nach der Rechtsprechung des BGH wirkt diese Bindungswirkung auch gegenüber den Rechtsnachfolgern der Parteien. Daher konnte S die Auflassung nicht wirksam widerrufen.

c. Damit wirkte die Auflassung zum Zeitpunkt der Eintragung des K fort.

4. Weiterhin muss derjenige, der über das Grundstück verfügt, hierzu **berechtigt** sein. Diese Berechtigung muss grundsätzlich noch bei der Vollendung des Rechtserwerbs, also auch noch bei der Eintragung, vorhanden sein. Wie bereits oben dargestellt, wirkt die Einigungserklärung des V gemäß § 130 II BGB analog fort. Daher ist der vorliegende Fall so zu sehen, als habe der Erbe S die Auflassung erklärt. Darum muss S im Zeitpunkt der Eintragung des K zur Verfügung über das Grundstück berechtigt gewesen sein.

Hier kommt sein Verfügungsrecht als Eigentümer in Betracht. S ist als Alleinerbe des V gemäß § 1922 I BGB mit dem Erbfall Eigentümer des Grundstücks geworden. Da zwischenzeitlich keine Verfügungsbeschränkung bei ihm eingetreten ist, war S zum Zeitpunkt der Eintragung Berechtigter.

5. Damit hat K gemäß §§ 873 I, 925 I BGB das Eigentum an dem Grundstück erworben.

B. Da K Eigentümer des Grundstückes geworden ist, ist der Inhalt des Grundbuchs richtig. S kann von K daher nicht die Zustimmung zur Berichtigung des Grundbuchs gemäß § 894 BGB verlangen.

📖 Skript „Einführung in das Sachenrecht 2", Lektion 4
📖 Schreiber, **Jura** 2000, 603 ff. (Auflassung – Grundlagenwissen)
📖 Schreiber, **Jura** 1999, 491 ff. (Gutgläubiger Erwerb)

▶ **Unsere** 📖 **Skripten** 📇 **Karteikarten** 🎧 **Hörbücher**

Zivilrecht

- 📖 Standardfälle **Zivilrecht** f. Anfänger (BGB AT+Kaufrecht)
- 📖 🎧 Standardfälle **BGB AT**
- 📖 🎧 Standardfälle **Schuldrecht**
- 📖 🎧 Standardfälle **Ges. Schuldverhältn.**, §§ 677,812,823
- 📖 🎧 Standardfälle **Sachenrecht** (Mobiliar+Immobiliar)
- 📖 🎧 Standardfälle **Familien- und Erbrecht**
- 📖 🎧 Basiswissen **BGB AT** (Frage-Antwort)
- 📖 🎧 Basiswissen **Schuldrecht AT** (Frage-Antwort)
- 📖 🎧 Basiswissen **Schuldrecht BT** (Frage-Antwort)
- 📖 🎧 Basiswissen **Sachenrecht** (Frage-Antwort)
- 🎧 Basiswissen **Familienrecht** (Frage-Antwort)
- 🎧 Basiswissen **Erbrecht** (Frage-Antwort)
- 📖 Einführung in das **Bürgerliche Recht** (für Anfänger)
- 📖 Studienbuch **BGB AT**
- 📖 Studienbuch **Schuldrecht AT**
- 📖 Einführung **Schuldrecht BT 1** - §§ 437, 536, 634, 670 ff.
- 📖 Einführung **Schuldrecht BT 2** - §§ 812, 823, 765 ff.
- 📖 Einführung **Sachenrecht 1** – Mobiliarsachenrecht
- 📖 Einführung **Sachenrecht 2** – Immobiliarsachenrecht
- 📖 Einführung **Familienrecht**
- 📖 Einführung **Erbrecht**
- 📖 🎧 **Definitionen** für die Zivilrechtsklausur

Strafrecht

- 📖 Standardfälle **Band 1:** für Anfänger
- 📖 Standardfälle **Band 2:** für Fortgeschrittene
- 📖 🎧 Standardfälle **Strafrecht AT** (für Anfänger)
- 📖 🎧 Basiswissen **Strafrecht AT** (Frage-Antwort)
- 📖 🎧 Basiswissen **Strafrecht BT 1** (Frage-Antwort)
- 📖 🎧 Basiswissen **Strafrecht BT 2** (Frage-Antwort)
- 📖 Einführung **Strafrecht AT**
- 📖 Einführung **Strafrecht BT 1** – Vermögensdelikte
- 📖 Einführung **Strafrecht BT 2** – Nichtvermögensdelikte
- 📖 🎧 **Definitionen** für die Strafrechtsklausur

Öffentliches Recht

- 📖 Standardfälle **Staatsrecht 1** – Staatsorganisationsrecht
- 📖 Standardfälle **Staatsrecht 2** – Grundrechte
- 📖 🎧 Standardfälle f. **Anfänger** (StaatsorgaR u. GrundR)
- 📖 Standardfälle **Verwaltungsrecht AT**
- 📖 Standardfälle **Polizei- und Ordnungsrecht**
- 📖 Standardfälle **Baurecht**
- 📖 Standardfälle **Europarecht**
- 📖 Standardfälle **Kommunalrecht**
- 📖 🎧 Basiswissen **StaatsR 1** – StaatsorgaR (Frage-Antwort)
- 📖 🎧 Basiswissen **StaatsR 2** – Grundrechte (Frage-Antwort)
- 📖 Basiswissen **Verwaltungsrecht AT** (Frage-Antwort)
- 📖 Studienbuch **Staatsorganisationsrecht**
- 📖 Studienbuch **Grundrechte**
- 📖 Studienbuch **Verwaltungsrecht AT**
- 📖 Studienbuch **Europarecht**
- 🎧 Hörbuch Basiswissen **Europarecht**
- 📖 Studienbuch **Staatshaftungsrecht**
- 📖 **Verwaltungsrecht AT 1** – VwVfG
- 📖 **Verwaltungsrecht AT 2** – VwGO
- 📖 **Verwaltungsrecht BT 1** – Polizei und Ordnungsrecht
- 📖 **Verwaltungsrecht BT 2** – Baurecht
- 📖 **Verwaltungsrecht BT 3** – Umweltrecht
- 📖 🎧 **Definitionen** Öffentliches Recht

Sozialrecht

- 📖 Einführung **Sozialrecht**

Nebengebiete

- 📖 Standardfälle **ZPO**
- 📖 🎧 Standardfälle **Handels- & Gesellschaftsrecht**
- 📖 🎧 Standardfälle **Arbeitsrecht**
- 📖 🎧 Basiswissen **Handelsrecht** (Frage-Antwort)
- 📖 🎧 Basiswissen **Gesellschaftsrecht** (Frage-Antwort)
- 📖 🎧 Basiswissen **StPO** (Frage-Antwort)
- 📖 🎧 Basiswissen **ZPO** (Frage-Antwort)
- 📖 Einführung **Handelsrecht**
- 📖 Einführung **Gesellschaftsrecht**
- 📖 Einführung **Arbeitsrecht**
- 📖 Einführung **Kollektives Arbeitsrecht**
- 📖 Einführung **ZPO I** - Erkenntnisverfahren
- 📖 Einführung **ZPO II** - Zwangsvollstreckung
- 📖 Einführung **StPO** - Strafprozessordnung
- 📖 Einführung **IPR** - Internationales Privatrecht
- 📖 Standardfälle **IPR** - Internationales Privatrecht
- 📖 Einführung **Insolvenzrecht**
- 📖 **Gewerblicher Rechtsschutz & Urheberrecht**
- 📖 Einführung **Wettbewerbsrecht**
- 📖 Einführung **Sportrecht**

Karteikarten

- 📇 **Grundlagen des Zivilrechts**
- 📇 **BGB Allgemeiner Teil**
- 📇 **Schuldrecht BT** (§§ 433, 535, 631, 812, 823)
- 📇 **Schemata Zivilrecht** (AT, SchuldR, SachR, FamR)
- 📇 **Strafrecht AT**
- 📇 **Strafrecht BT 1**
- 📇 **Strafrecht BT 2**
- 📇 **Streitfragen Strafrecht**
- 📇 **Staatsorganisationsrecht**
- 📇 **Grundrechte**
- 📇 **Verwaltungsrecht AT**
- 📇 **Schemata Öffentliches Recht**

Die wichtigsten Schemata

- 📖 **Band 1:** Zivilrecht, Strafrecht, Öffentliches Recht
- 📖 **Band 2:** Arbeitsrecht, Handelsrecht, Gesellschaftsrecht, StPO, ZPO

Ratgeber Jurastudium

- 📖 Ratgeber **500 Spezial-Tipps für Juristen** - Wie man geschickt durchs Studium und das Examen kommt

BWL

- 📖 Einführung in die **Betriebswirtschaftslehre**
- 📖 **Organisationsgestaltung & -entwicklung**
- 📖 **Fallstudien** Organisationsgestaltung & -entwicklung
- 📖 **Internationales Management**
- 📖 **Wie gelingt meine wiss. Abschlussarbeit?**
- 📖 **Medienwirtschaft für Mediengestalter**

Assessorexamen

- 📖 **Der Aktenvortrag im Strafrecht**
- 📖 **Der Aktenvortrag im Zivilrecht**
- 📖 **Staatsanwaltl. Sitzungsdienst & Plädoyer**

Irrtümer und Änderungen vorbehalten!

🎧 bedeutet: auch als **Hörbuch** lieferbar!

Bei **niederle-media.de** bestellte Bücher treffen idR *nach 1-2 Werktagen* ein!